INVENTAIRE
G 5353

FERRET - 1971

PLAN

D'UNE

HISTOIRE UNIVERSELLE,

PAR ANDRÉ BELLECOMBE,

Auteur de l'Agenais illustré, d'une Chronologie universelle, de la France républicaine, etc.,

SOUMIS A L'APPROBATION

DE M. LE MINISTRE DE L'INSTRUCTION PUBLIQUE.

1ᵉʳ JANVIER 1860.

CAHORS,

IMPRIMERIE TYPOGRAPHIQUE ET LITHOGRAPHIQUE DE J.-A. BRASSAC.

PLAN

D'UNE

HISTOIRE UNIVERSELLE,

PAR ANDRÉ BELLECOMBE,

Auteur de l'Agenais illustré, d'une Chronologie universelle, de la France républicaine, etc.,

SOUMIS A L'APPROBATION

DE M. LE MINISTRE DE L'INSTRUCTION PUBLIQUE.

1er JANVIER 1850.

CAHORS,

IMPRIMERIE TYPOGRAPHIQUE ET LITHOGRAPHIQUE DE J.-A. BRASSAC.

1850

LETTRE A M. LE MINISTRE DE L'INSTRUCTION PUBLIQUE.

MONSIEUR LE MINISTRE,

Comme protecteur naturel de tout ce qui se rattache aux Sciences, aux Lettres et aux Arts, j'ai l'honneur de soumettre à votre approbation un projet d'*Histoire générale et universelle*.

Les histoires particulières manquent peu à notre siècle et à notre époque; il s'est trouvé un nombre assez considérable d'écrivains habiles et expérimentés qui ont retracé d'une manière brillante les faits détachés de la grande histoire du monde, l'histoire complète d'un pays, d'un royaume, d'une monarchie, d'un monarque, d'une grande époque historique. — Ainsi, l'*Histoire de Charles-Quint* par *Robertson*, l'*Histoire des Croisades* par *Michaud*, l'*Histoire de France* de *Sismondi*, l'*Histoire de la Révolution, du Consulat et de l'Empire* par M. *Thiers*, l'*Histoire des Girondins* de *Lamartine*, l'*Histoire poétique et philosophique de France* de *Michelet*, l'*Histoire de Dix ans* de *Louis-Blanc*, l'*Histoire des ducs de Bourgogne* de *Barante*, l'*Histoire de la conquête d'Angleterre* par *Augustin Thierry*, l'*Histoire des deux Restaurations* de *Vaulabelle*, etc.

Tous ces ouvrages précieux par le style et l'élévation de la pensée, utiles pour les renseignements exacts et les appréciations historiques qu'ils renferment, regardés isolément comme des chefs-d'œuvre de l'art et de l'étude, ne sont cependant que des rameaux détachés de l'arbre généalogique de l'univers.

Les limites de cette lettre ne nous permettent pas d'envisager ici la portée de tous ces ouvrages sur l'esprit de ceux qui les ont lus; une évidente partialité s'est, malgré tout, introduite dans la plupart de ces productions historiques : partialité que des principes différents en morale et en politique, joints à la trop faible distance des faits, rendaient en quelque sorte inévitable, pour ne pas dire indispensable et nécessaire.

Peu d'écrivains modernes se sont attachés à l'étude de l'histoire universelle. Parmi les écrivains de l'antiquité, *Diodore* de *Sicile*, *Denys* d'Halicarnasse, dans leurs *Annales*, *Justin*, dans son *Abrégé historique*, sont presque les seuls qui se soient avancés avec courage sur un terrain aussi ardu et aussi épineux. Il est plus facile, en effet, de n'avoir à embrasser qu'un seul siècle, qu'une seule époque historique, *Alexandre, César, Charlemagne, Napoléon*, par exemple. On étudie mieux ce siècle, cette époque qu'on ne saurait étudier toutes les époques, tous les siècles, réunis ensemble; on y sème l'intérêt des détails que la patience et une attention soutenue peuvent seules créer pour l'instruction de celui qui lit et qui veut apprendre; il est impossible d'astreindre un récit déjà très long par lui-même à cette longue série de petits riens qui ne sont pas cependant sans charmes et sans agrément.

Autant les petits faits donnent du relief à l'histoire privée, autant ils jettent du dégoût sur l'histoire générale et universelle.

Il faut que l'histoire universelle marche avec pompe et avec majesté dans sa longue course; il n'est pas de sa dignité de ramasser sur sa route les rognures éparses qu'elle rencontre sans cesse; à elle les grands faits, les grandes actions, les grands hommes. Il faut cependant aussi qu'elle raconte et qu'elle ne tombe pas dans le vice d'une trop grande concision après avoir évité le vice si opposé de l'amplification des faits et des choses.

Le magnifique discours sur l'*Histoire universelle* de *Bossuet* n'est pas une histoire, c'est un monument d'éloquence laissé à la postérité; presque tous les auteurs modernes qui ont traité de l'histoire universelle, *Dom Calmet*, *Anquetil*, *Lacépède*, *Laponneraye*, *César Cantu* entre autres, sont trop restreints, ou si vous le voulez, trop concis; c'est un récit rapide, successif, plus savant, plus élégant ou plus improvisé des grandes révolutions historiques chez les nations et chez les hommes. S'il faut éviter l'ampleur excessive dans l'histoire générale, il faut aussi la dégager d'une exiguité qui la gêne et qui l'étrangle à chaque pas. Il faut de l'harmonie en tout; c'est-à-dire les proportions du cadre en rapport avec les dimensions du tableau.

Pendant mon voyage en Italie, en février 1848, le hasard me fit rencontrer à Chambéry le traducteur et l'ami intime de *César Cantu*, *Giacomo Léopardi*, de Naples. Il me vanta beaucoup cette histoire; je lui parlai de mon projet d'histoire universelle. Si le hasard lui fait lire ces lignes, il verra que je m'efforce de tenir ma parole.

Des considérations qui précèdent, il résulte qu'il reste encore à faire une histoire complète, générale et universelle.

Après vingt années d'études sérieuses et suivies en histoire, quoique à peine âgé de vingt-sept ans, je viens courageusement me mettre à l'œuvre, à la suite de tant d'écrivains de mérite, pour essayer de donner à toutes les nations et à tous les peuples, ce lien puissant qui les rallie par les souvenirs du passé, par les espérances de l'avenir, une histoire universelle.

Alors même que mes efforts ne seraient pas couronnés de succès, le plan que j'ai l'honneur de vous soumettre, Monsieur le Ministre, sera toujours une excuse aux yeux de mes contemporains et de la postérité. — J'aurai voulu laisser quelque chose de durable, d'utile à mon pays et au monde, et si le terrain vient à glisser sous mes pieds, c'est que l'homme n'est ici-bas qu'une machine inerte et inutile, si elle n'est animée dans ses entreprises par ce souffle puissant et supérieur qui la rattache à l'essence divine.

L'intention doit être toujours mise en ligne de compte vis-à-vis de l'homme qui veut faire, alors même qu'il ne laisse après lui rien de fait aux yeux de la science.

J'ai divisé l'*Histoire universelle* en deux parties; la première partie, intitulée *Chronologie*, contiendra l'histoire dans tous ses détails privés, chronologiques, généalogiques, hiérarchiques et biographiques. J'ai dû penser qu'une histoire universelle ne pouvait guère marcher sans être précédée d'une chronologie. Je ne crains pas de le dire, cette chronologie, avec les 25 volumes qui la composeront d'après le plan ci-après exposé, est mon meilleur titre à la reconnaissance de tous ceux qui aiment l'étude de l'histoire. Cet ouvrage presque entièrement terminé, m'a coûté, en effet, beaucoup de travaux, de soins et d'études. J'ai recueilli avec un soin scrupuleux, tous les noms, toutes les familles historiques, toutes ces glorieuses légendes d'artistes, de savants et de littérateurs, qui, morts déjà par leurs ouvrages aux yeux du monde, ne doivent pas mourir aux yeux de ceux qui ont compris leurs efforts par les efforts qu'ils ont fait eux-mêmes; qui ont apprécié leurs travaux par ceux-là mêmes qu'ils ont été obligés de faire. La chronologie universelle est donc un monument élevé aux grands hommes et à l'histoire [1]. Toute la biographie humaine sera reproduite dans ces vingt-cinq volumes. — Et les faits, les actions historiques, les hauts faits d'armes, les grandes exécutions accompagneront pas à pas les grands hommes et marcheront à côté d'eux et sur la même ligne, siècle par siècle, règne par règne, année par année.

Pour les faits de l'histoire ancienne, j'ai dû respecter les traditions de chaque peuple, de chaque nation. L'époque de la chronologie chrétienne, européenne et française est celle que j'ai indiquée sous le titre de *Patriarchat d'Adam*. — Le chapitre premier de la chronologie, où je remonte à l'origine des nations orientales, ne doit être considéré que comme une preuve du respect que je porte à l'histoire traditionelle de chaque pays; le lecteur ne doit y voir aucune atteinte portée aux croyances historico-religieuses généralement admises parmi nous. La date précise de la création du monde ne peut-être qu'hypothétique; il n'appartient pas à l'homme de décider cette importante question dont Dieu seul possède la solution précise.

Depuis *Adam* jusqu'aux temps historiques (*Cyrus-le-Grand*) la Bible a été toujours mon seul guide. La venue de *Jacob* en *Egypte*, la judicature de *Moïse*, etc., qui ne concordent dans

---

[1] On sait combien les biographies sont incomplètes. La Chronologie universelle sera la meilleure des Biographies.

ma Chronologie avec aucun historien qui m'ait précédé, ont été calculées exactement sur la *Genèse*, qui est, je crois, la meilleure source où l'historien doit puiser pour les annales hébraïques. J'ai, je crois, le premier assigné une place importante dans la Chronologie aux temps fabuleux qui ont précédé la guerre de Troie. — L'histoire grecque qui ne remonte guère d'une manière suivie chez tous les annalistes et les historiens qu'à cette époque dont la date elle-même n'est pas précisée, se déroule dans ma Chronologie environ sept cent ans avant l'évènement que je viens d'indiquer, c'est-à-dire vers l'an 1900 avant l'ère chrétienne.

Pour les temps historiques j'ai lu séparément l'histoire de chaque peuple et j'ai essayé d'établir une concordance parfaite pour les dates.

C'est par ces vingt-cinq volumes de chronologie universelle, que le lecteur renseigné sur les faits les plus minutieux et les plus secondaires, peut arriver à lire avec fruit les soixante-quinze volumes qui composent la seconde partie de mon ouvrage, intitulée : *Histoire universelle* proprement dite.

Cette seconde partie se divise elle-même en deux branches. — L'histoire politique et religieuse, et l'histoire littéraire. — Chaque série de l'histoire ancienne et moderne est accompagnée d'un volume ou deux d'histoire littéraire contemporaine (voir la classification dans le plan).

Le premier volume de l'*Histoire universelle* est consacré à l'étude des histoires et des historiens. C'est un tribut que je devais à la science, dont je me proclame un des plus zélés disciples; ce travail ne saurait être regardé comme sans intérêt par aucune classe de lecteurs ni d'étudiants en histoire.

L'*Histoire universelle* est divisée en dix séries (voyez le plan). Je laisse à la critique de tous ceux qui ont étudié l'histoire à discuter le mérite ou l'opportunité du plan que je me suis tracé. — J'accepterai avec reconnaissance les observations que l'on voudra bien me faire et j'en profiterai quand je le pourrai. Pour le style, on sait que le style de l'histoire doit être sérieux, correct, sans emphase et sans prétention. — Il faut aussi qu'il soit un et là-dessus, c'est à l'auteur lui-même à se diriger par son inspiration et par son intelligence personnelle.

Après cet exposé clair et simple d'un projet tout-à-fait national, il me reste quelques mots à dire, Monsieur le Ministre, sur l'auteur et les moyens d'exécution physique de cette œuvre, entreprise dans un but aussi louable que désintéressé.

L'auteur ne demande à son pays, au gouvernement qui le représente, que cet encouragement moral qui est pour beaucoup dans une entreprise d'artiste, cette approbation à la fois flatteuse et consolante qui fait surmonter bien des obstacles et aplanit bien des difficultés. Sûr d'être regardé avec intérêt par des hommes capables et expérimentés, ses forces naturelles en seront bientôt doublées et il s'avancera hardiment dans la route immense qu'il ne craint pas de parcourir d'ici à quelques années.

Par son économie, aidé de ses seules épargnes, l'auteur se propose de subvenir à tous les frais d'impression, de publication ou d'annonces de cet ouvrage, espérant trouver dans la confiance du public la juste rémunération de ses travaux, c'est-à-dire assez de souscripteurs pour couvrir au moins les avances qu'il sera obligé de faire. Et l'attention, la bienveillance du gouvernement lui seront certainement d'un grand secours pour réveiller une vive sympathie dans tous les esprits généreux, qui aiment à seconder des efforts énergiques et une résolution ferme et soutenue dans un but à la fois si noble et si intéressant.

Collaborateur de plusieurs journaux de la province et de Paris, l'auteur, quoique bien jeune encore, a déjà fait depuis plusieurs années ses premiers pas dans le monde littéraire; il apporte donc avec lui une juste confiance dans l'avenir, justifiée jusqu'à un certain point par les garanties du passé; il a déjà, en fait d'études historiques, composé les choses suivantes :

1° 1835 (à l'âge de 13 ans). Histoire des *Maréchaux de France*. (manuscrit.)

2° 1839. *Chronologie universelle* jusqu'à l'an 1500. (1 vol. manuscrit.)

3° 1841. Le siége de Rhodes, drame historique en prose. (manuscrit.)

4° 1841. Notice historique et chronologique sur la ville et le château de Montpezat en Agenais. (manuscrit.)

5° 1842. Notice historique sur l'amiral Lacrosse, imprimée dans le journal de Lot-et-Garonne.

6° 1844. Le baron Guy-de-Montpezat; nouvelle historique, imprimée dans deux journaux de Paris.

7° 1846. L'*Agenais illustré*, notices biographiques sur *Mascaron, Scaliger, M*^{me} *Cottin, Théophile de Viaud, l'amiral de Barailh, Palissy, Montluc,* etc. — *Histoire des évêques d'Agen,* 1 vol. in-4°, avec 26 portraits, imprimé à Agen. — Ouvrage dont plusieurs journaux ont parlé avec bienveillance.

8° 1847. *Notice historique sur la vie et les œuvres de Boursault.*

9° 1848. *Collection générale historique et chronologique des portraits français et étrangers.* — 32 volumes grand in-folio. — Préparation utile pour l'étude de l'histoire, collection de portraits, que l'auteur a rassemblés pendant son séjour à Paris, et dans ses voyages en Espagne et en Italie.

Voilà, Monsieur le Ministre, le but, les motifs et les titres qui engagent l'auteur à se recommander à votre attention; c'est plus pour son ouvrage que pour lui qu'il demande cet encouragement moral si nécessaire à son entreprise; en ce qui le concerne il est certainement pénétré de son insuffisance et de son peu d'importance littéraire; mais il persiste à croire que le projet qu'il a l'honneur de vous soumettre mérite, par son importance, d'attirer l'attention de tous, et il n'hésite pas non plus à vous assurer d'une manière précise, qu'encouragé moralement par vous, c'est-à-dire par le gouvernement, il franchira tous les obstacles qui s'opposeront à ses desseins.

Veuillez, Monsieur le Ministre, agréer l'assurance de ma considération très distinguée,

André-Ursule-Casse de BELLECOMBE.

Paris, le 1er Janvier 1830.

PLAN DE L'HISTOIRE UNIVERSELLE.

100 VOLUMES in-8°.

PREMIÈRE PARTIE. — Chronologie.

Introduction à l'étude de l'Histoire par la Chronologie, la Généalogie, la Biographie, la Géographie, réunies sous le titre de Chronologie universelle.

25 VOLUMES in-8°.

La Chronologie universelle sera divisée en livres et en chapitres. A la fin de chaque chapitre seront annexés les tableaux généalogiques et hiérarchiques des dynasties avec la biographie de tous les personnages célèbres contemporains, plus un tableau géographique raisonné indiquant les modifications successives arrivées dans la composition des pays et des monarchies. (Voir à la fin de la nomenclature détaillée des 100 volumes de l'*Histoire universelle*, la liste à peu près complète des monarques de tous les pays, des grandes dignités héréditaires ou électives dont les tableaux chronologiques présenteront un résumé complet et fidèle. L'auteur ne craint pas d'assurer que cette première partie est la plus utile, la plus curieuse et la plus instructive de l'*Histoire universelle*, celle aussi qui lui a demandé le plus de travaux et le plus d'études.)

DISTRIBUTION DES 25 VOLUMES.

PREMIÈRE SÉRIE.

Tome Ier.

Temps fabuleux. — Depuis l'origine hypothétique de tous les peuples jusqu'au règne de Saül, roi d'Israël. (1080 avant Jésus-Christ.)
Division du volume : Livre premier. — Chapitre Ier. — Le monde avant Adam, d'après les traditions orientales, 4004 avant Jésus-Christ.
Chapitre II. Adam au déluge, 4004 - 2348.
— III. Patriarchat de Noë, 2348 - 1998.
— IV. Patriarchat d'Abraham, 1998 - 1881.
— V. Patriarchat d'Isaac, 1881 - 1771.
— VI. Patriarchat de Jacob, 1771 - 1734.
— VII. Patriarchat de Lévy, 1734 - 1663.
— VIII. Patriarchat de Kehath, 1663 - 1623.
— IX. Patriarchat d'Amram, 1623 - 1563.
Livre deuxième. — Moïse à la guerre de Troie. — Chapitre Ier. Judicature de Moïse, 1562 - 1497.
Chapitre II. Judicature de Josué, 1497 - 1472.
— III. Pontificat de Phinées, 1472 - 1454.
— IV. Judicature d'Othoniel, 1454 - 1414.
— V. Pontificat d'Abisué, 1414 - 1396.
— VI. Judicature d'Aod, 1396 - 1316.
— VII. Pontificat d'Abièzer, 1316 - 1296.
Livre troisième. — De la Guerre de Troie à Saül. — Chapitre Ier. Judicature de Barach et Débora, 1296 - 1256.
Chapitre II. Judicature de Gédéon, 1256 - 1209.
— III. Judicatures d'Abimélech et Tolah, 1209 - 1184.
— IV. Judicature de Jaïr, 1184 - 1162.

Chapitre V. Judicatures de Jephté, Abesan, Ahialon et Abdon, 1162-1131.
— VI. Judicature de Samson. — Pontificat d'Héli, 1131 - 1091.
— VII. Judicature de Samuël et de ses fils, 1091 - 1080.

Tome II.

TEMPS DEMI-HISTORIQUES.

Livre premier. — De Saül à Cyrus. — Chapitre Ier. Règne de Saül, 1080 - 1040.
Chapitre II. Règne de David, 1040 - 1001.
— III. Règne de Salomon, 1001 - 962.
— IV. Règne de Roboam, 962 - 946.
— V. Règnes d'Abiam et d'Asa, 946 - 904.
— VI. Règne de Josaphat, 904 - 880.
— VII. Règnes de Joram, Ochosias et Athalie, 880 - 870.
— VIII. Règne de Joas, 870 - 831.
— IX. Règne d'Amasias, 831 - 803.
— X. Règne d'Azarias, 803 - 752.
— XI. Règne de Joatham, 752 - 737.
— XII. Règne d'Achaz, 737 - 723.
— XIII. Règne d'Ézéchias, 723 - 694.
— XIV. Règne de Manassés, 694 - 640.
— XV. Règnes d'Amon, Josias, Joachas et Joachim, 640 - 609.
— XVI. Règne de Nabuchodonosor-le-Grand, 609 - 562.

TEMPS HISTORIQUES.

Livre deuxième. — De Cyrus à Alexandre.
Chapitre Ier. Règne de Cyrus, 562 - 529.
— II. Règne de Cambyse, 529 - 521.
— III. Règnes de Smerdis et de Darius Hystaspes, 520 - 485.
— IV. Règne de Xerxès Ier, 485 - 465.
— V. Règne d'Artaxerxés Longuemain, 465 - 424.

Chapitre VI. Règnes de Xerxès II. Sogdien, Darius-Notus, 424 - 404.
— VII. Règne d'Artaxerxés Mnémon, 404 - 360.
— VIII. Règnes de Philippe, roi de Macédoine, et d'Artaxerxés Ochus, 359 - 336.

Tome III.

Alexandre le Grand à Auguste.
Livre premier : Alexandre le Grand à Antiochus le Grand.
Chapitre Ier. Règne d'Alexandre le Grand, 326 - 324.
— II. Règne d'Aridée et des fils d'Alexandre, 324 - 309.
— III. Règnes de Cassandre et d'Antigone, 309 - 298.
— IV. Règnes de Ptolémée I et de Séleucus I, 298 - 280.
— V. Règne de Ptolémée-Philadelphe, 280 - 246.
— VI. Règne de Ptolémée-Évergète Ier, 246-222.
Livre deuxième. — Antiochus le Grand à César.
Chapitre Ier. Règne d'Antiochus, 222 - 187.
— II. Règnes de Ptolémée-Épiphanes et Ptolémée-Philométor, 187-146.
— III. Règne de Ptolémée-Physcon, 145 - 117.
— IV. Règnes de Ptolémée-Lathyre et Alexandre I, 117 - 81.
— V. Règne d'Alexandre II, 81 - 71.
— VI. Règne d'Aulètes, 71 - 59.
Livre troisième : César à Auguste.
Chapitre Ier 59 - 44. Triumvirat et Dictature de César.
— II. 44 - 29. Triumvirat d'Antoine, Octave et Lépide.

DEUXIÈME SÉRIE.

Tome IV.

Livre premier. Chapitre unique. Règne d'Auguste, 29 à 14 de Jésus-Christ.
Livre deuxième. Chapitre Ier. Règne de Tibère, 14 - 37.

Chapitre II. Caligula, 37 - 41.
— III. Claude, 41 - 54.
— IV. Néron, 54 - 68.
Livre troisième. — Chapitre 1er. — Galba, Othon, Vitellius, 68 - 70.
Chapitre II. Vespasien, 68 - 78.
— III. Titus et Domitien, 78 - 96.

Tome V.

Livre premier. — Chapitre 1er. Nerva et Trajan, 96 - 117.
Chapitre II. Adrien, 107 - 138.
Livre deuxième. — Chapitre Ier. Antonin, 138 - 161.
Chapitre II. Marc Aurèle, 161 - 180.
— III. Commode, 180 - 192.
— IV. Pertinax, Didier, Niger et Albin, 192 - 197.

Tome VI.

Livre premier. — Chapitre Ier. Septime Sévère, 197 - 211.
Chapitre II. Caracalla et Géta, 211 - 217.
— III. Héliogabale, 217 - 222.
— IV. Alexandre Sévère, 222 - 235.
Livre deuxième. — Chapitre Ier. Maximin à Dèce, 235 - 252.
Chapitre II. Gallus à Claude, 252 - 268.
— III. Claude, Aurélien à Dioclétien, 268 à 284.
Livre troisième. — Chapitre unique. Dioclétien et Maximien, 284 - 306.

Tome VII.

Livre premier. — Chapitre unique. Les Augustes et Constantin, 306 - 327.
Livre deuxième. — Chapitre Ier. Constance, Constant, Constantin II, 337 - 360.
Chapitre II. Julien et Jovien, 360 - 364.
Livre troisième. — Chapitre Ier. Valentinien I et Valens, 364 - 375.

Chapitre III. Arcadius et Honorius, 396 - 423.

TROISIÈME SÉRIE.

Vome VIII.

Livre premier. — Chapitre Ier. Pharamond, 420 - 428.
— II. Clodion, 428 - 448.
— III. Mérovée, 448 - 456.
— IV. Childéric I, 456 - 480.
Livre deuxième. — Chapitre unique. Clovis Ier., 481 - 511.

Tome IX.

Livre premier. — Chapitre unique. Childebert et Clotaire, 511 - 561.
Livre deuxième. — Chapitre unique. Caribert et Chilpéric, 561 - 584.
Livre troisième. — Clotaire II., 584 - 628.

Tome X.

Livre Ier. — Chapitre Ier. Dagobert Ier, 628 - 638.
— II. Clovis II., 638 - 656.
Livre deuxième. — Chapitre Ier. Clotaire III, 656 - 670.
— II. Childéric II et Thierry Ier., 670 - 691.
Livre troisième. — Chapitre Ier. Clovis III et Childebert, 691 - 712.
— II. Dagobert II, Chilpéric II, Clotaire IV, 712 - 724.
— III. Thierry II, 720, 737.
— IV. Charles Martel et Childéric III, 747 - 752.

QUATRIÈME SÉRIE.

Tome XI.

Livre premier. Pépin, 752 - 767.
Livre deuxième. Charlemagne, 767 - 814.

Tome XII.

Livre premier. Louis le Débonnaire, 814 - 840.
Livre deuxième. Charles le Chauve, 840 - 877.
Livre troisième. — Chapitre Ier. Louis II, Louis III et Carloman, 877 - 884.
Chapitre II. Charles le Gros, 884 - 888.
— III. Eudes, 888 - 898.

Tome XIII.

Livre premier. Charles le Simple, 898 - 923.
Livre deuxième. — Chapitre Ier. Raoul, 923 - 936.
Chapitre II. Louis IV, 936 - 954.
— III. Lothaire et Louis V, 954 - 987.

CINQUIÈME SÉRIE.

Tome XIV.

Livre premier. Hugues Capet, 987 - 996.
— II. Robert, 996 - 1031.
Livre deuxième. Henri Ier, 1031 - 1060.
Livre troisième. Philippe Ier, 1060 - 1108.

Tome XV.

Livre premier. — Louis VI, 1108 - 1137.
Livre deuxième. Louis VII, 1137 - 1180.
Livre troisième. Philippe-Auguste, 1180 - 1223.

Tome XVI.

Livre premier. Louis VIII et Saint Louis, 1223 - 1270.
Livre deuxième. Philippe III le Hardi, 1270 - 1283.
Livre troisième. Philippe IV le Bel, 1283 - 1314.
Livre quatrième. Louis X, Philippe V, Charles IV, 1314 - 1327.

SIXIÈME SÉRIE.

Tome XVII.

Livre premier. Philippe de Valois, 1327 - 1350.
Livre deuxième. Jean, 1350 - 1364.
Livre troisième. Charles V, 1364 - 1380.
Livre quatrième. Charles VI, 1380 - 1422.

Tome XVIII.

Livre cinquième. Charles VII, 1422 - 1461.
Livre sixième. Louis XI, 1461 - 1483.
Livre septième. Charles VIII, 1483 - 1498.
Livre huitième. Louis XII, 1498 - 1514.

SEPTIÈME SÉRIE.

Tome XIX.

Livre premier. François Ier, 1515 - 1547.
Livre deuxième. Henri II, 1547 - 1558.
Livre troisième. François II, Charles IX, 1558 - 1574.
Livre quatrième. Henri III, 1574 - 1589.

HUITIÈME SÉRIE.

Tome XX.

Livre premier. Henri IV, 1589 - 1610.
Livre deuxième. Louis XIII, 1610 - 1643.

Tome XXI.

Livre unique. Louis XIV, 1643 - 1715.

Tome XXII.

Livre unique. Louis XV, 1715 - 1774.

Tome XXIII.

Livre unique. Louis XVI, 1774 - 1792.

Tome XXIV.

Livre premier. République, Directoire et Consulat, 1792 - 1804.
Livre deuxième. Napoléon, 1804 - 1815.

Tome XXV.

Livre premier. Louis XVIII et Charles X, 1815 - 1830.
Livre deuxième. Louis-Philippe Ier, 1830 - 1848.
Livre troisième. République française, 1848.

HISTOIRE UNIVERSELLE.

75 VOLUMES.

TOME PREMIER.

HISTOIRE LITTÉRAIRE. — LES HISTOIRES ET LES HISTORIENS.

HISTOIRE HÉBRAÏQUE — Moïse, la Genèse, l'Exode, les Nombres, le Livre de Josué, les Juges, le Livre de Samuël, les Rois, le Livre de Judith, le Livre de Tobie, le Livre d'Esther, les Paralipomènes, Esdras et Néhémie, les Machabées, Joséphe, etc.

HISTOIRE CHALDÉENNE ET PHÉNICIENNE. — Sanchoniaton, Bérose, etc.

HISTOIRE ÉGYPTIENNE. — Manéthon, George-Syncelle et Champollion, etc.

HISTOIRE INDIENNE. — Vyasa, les Pouranâs, etc.

HISTOIRE GRECQUE. — Dictys de Créte, Acusilaüs d'Argos, Cadmus de Milet, Hérodote, Thucydide, Xénophon, Théopompe, Éphore, Philiste, Anaximène, Callisthène, Timagènes, Hégésias de Magnésie, Ératosthène, Polybe, Diodore de Sicile, Denys d'Halicarnasse, Pausanias, Diogène Laërce, Dion Cassius, Élien, Plutarque, Eusèbe.

HISTOIRE BYSANTINE. — Zozime, Procope, Suidas, Nicéphore, Anne Comnène, Jean Ducas.

HISTOIRE CHINOISE. — Confucius, Ssema-Thsian, Ssema-Than, etc.

HISTOIRE PERSANE. — Ferdousi, Myrkond, etc.

HISTOIRE ARMÉNIENNE. — Moyse de Khoren, Ardzrouni, Jean Catholicos, Sempad, etc.

HISTOIRE ROMAINE. — Fabius Pictor, Ennius, Caton le Censeur, Salluste,

César, Cornélius Népos, Atticus, Tite-Live, Velléius-Paterculus, Trogue-Pompée, Suétone, Tacite, Justin Florus, Appien, Arrien, Ammien-Marcellin, etc.

Histoire Scandinave. — Les Sagas, l'Edda.

Histoire Arabe. — Aboulféda, Alatir, Djemaleddin, Kemaleddin, Elmacin, etc.

Histoire Française. — Grégoire de Tours, Éginhard, Frédégaire, Aimoin, Villehardouin, Joinville, Froissard, Christine de Pisan, Monstrelet, Commines, Montluc, Brantôme, de Thou, André Duchesne, Mézeray, Daniel, St.-Réal, Vertot, Bossuet, C^{al} de Retz, Voltaire, Velly, Montesquieu, Rollin, Raynal, Duclos, Crévier, Lebeau, Millot, Gaillard, Condillac, Mably, Anquetil, Rulhières, Dulaure, Lacretelle, Michaud, Daru, Guizot, Mignet, Thiers, Aug. Thierry, Barante, Sismondi, Michelet, Capefigue, Lamartine, Louis Blanc, Vaulabelle, etc.

Histoire Allemande. — Muller, Winckelman, Schiller, Niébuhr, etc.

Histoire Espagnole. — Hurtado de Mendoza, Mariana, Zurita, Solis, etc.

Histoire Italienne. — Mathieu Spinello, Malespine, Poggio, Machiavel, Guichardin, Nerli, Varchi, Adriani, Bernado, Vico, Pierre Verri, Botta, César Cantu, etc.

Histoire Anglaise. — André de Wyntown, Lydgate, Buchanan, Lingard, Goldsmith, Gibbon, Hume, Robertson, Smolett, Fergusson, Samuël Johnson, Walter-Scott, Hallam, Turner, Godwin, O'Driscol, Thom. Moore, A. de Ramsay.

Histoire Polonaise. — Martinus Gallus, Mathieu Choléwa, Vincent Kadlubek, Jean Dlugosz, Krasicki, André Zaluski, Lelewel, etc.

Histoire Portugaise. — Fernando Lopez, Joao de Barros, Albuquerque, Brito, Bocarro, etc.

Histoire Danoise. — Ranzaw, Niel, Holberg, etc.

Histoire Hollandaise. — Mélis Stoke, Van-den-Borsch, Douza, Christian Bor, Aitzema, Cornélius Hooft, André Van-Hasselt.

Histoire Suédoise. — Jean Store, Olaüs Store, Olaüs Magnus, Olaüs et Laurent Péterson, Loccénius, Messénius, Johanson Thégel, Gilles Girs, Hallenborg.

Histoire Russe. — Nestor, Karamsin, etc.

Histoire Turque. — Sadi, Ali-Effendi de Philippolis, etc.

Histoire Ecclésiastique. — Les Évangiles, les Actes des Apôtres, Sulpice Sévére, Claude Fleury.

PREMIÈRE SÉRIE. — HISTOIRE ANCIENNE.
TOME II.

Depuis l'origine du monde à Moïse. — Origine hypothétique et traditionnelle des Chinois, des Indiens, des Japonnais, des Chaldéens, des Perses, des Egyptiens, des Phéniciens, des Arabes. Brahma, Menou, Wischnou, Aloros, Héphaïstos, Memroum, Oannés, Cronos, Osiris, Hermés, Ménés, Bocchos. Les Pyramides de Giseh.

Création d'Adam, d'après les Hébreux. Règne d'Uranus en Grèce. Caïou-Mors, Houschenck, Tahmourasb, Djems-Chid, rois de Perse. Fohi, Chin-Noung, Hoang-Ti, empereurs chinois. Sésostris l'Ancien, Osymandias, rois d'Égypte. Xixoutros, roi de Chaldée. Déluge universel de Noé.

Partage de la terre. — Règne de Saturne en Grèce, de Nemrod à Babylone, d'Assur à Ninive. Afridoun, roi de Perse. Abraham, Ninus, Sémiramis. Fondation des royaumes d'Argos et de Sicyone. Jupiter règne en Grèce. Déluge d'Ogygés. Époque de Job et d'Hercule le Lybien. Thontmosis III (Moeris) et Aménophis III, rois d'Égypte, Apollon, Mars et Mercure, rois de l'Attique.

TOME III.

De Moïse à Saül. — Judicature de Moïse. Règne de Cécrops à Athènes. Les marbres de Paros. Conquêtes de Rhamsés III (Sésostris le Grand). Règne de Dardanus à Troïe. Sortie d'Égypte. Passage de la Mer Rouge. Déluge de Deucalion. Cadmus règne à Thèbes. Les Rois pasteurs en Egypte. Règne de Ramsés IV. Arrivée de Danaüs à Argos. Minos et Rhadamante. Amphion, Triptolème. Histoire de Bellérophon. Règne d'Albion en Angleterre. Persée tue Méduse et délivre Andromède. Œdipe règne à Thèbes. Pélops, Tyndare, Amphytrion, Hercule le Thébain. Chasse du sanglier de Calydon. Expédition des Argonautes. Guerre des Sept Preux. Mort d'Étéocle et de Polynice. Guerre des Amazones. Combat des centaures et des lapithes. Mort d'Androgée fils de Minos II. Le labyrinthe et le minotaure. Dédale et Icare. Thésée et Ariane-Atrée et Thyeste. Caï-Caous, roi de Perse. Phèdre et Hyppolite. Barach et Débora. Pygmalion et Didon. Enlèvement d'Hélène. Mort de Castor et de Pollux. Guerre de Troie. Fuite d'Énée. Infortunes d'Ulysse. Gédéon et Abimélech. Époque des Héraclides. Samson et les Philistins. Dévouement de Codrus, roi d'Athènes. Athènes république. Pontificat de Samuël. Les Israélites demandent un roi.

TOME IV.

De Saül à Cyrus. — Saül est élu roi des Juifs. Règne de David, gendre de Saül. Salomon. Le Temple de Salomon. La Reine de Saba ou d'Abyssinie. Règne de Sésac en Égypte. Royaumes de Juda et d'Israël. Prise de Jérusalem par Sésac, roi d'Égypte. Asa, roi de Juda. Règnes de Josaphat et d'Achab. Athalie et Joas. Lycurgue, législateur de Sparte. Renouvellement des Jeux olympiques. Règne de Procas à Albe. Premières guerres de Messénie. Fondation du royaume de Macédoine. Sardanapale, roi d'Assyrie. Romulus et Rémus. Royaumes de Médie et de Babylone. Téglath-Phalazar, roi d'Assyrie. Établissement des Éphores à Sparte. Fondation de Rome. Ère de Nabonassar. Corinthe république. Salmanazar, roi d'Assyrie. Candaule et Gygés. Destruction du royaume d'Israël. Senacherib assiége Jérusalem. Numa Pompilius donne des lois à Rome. Judith et Holoferne. Prise de Babylone par Asar Haddon, roi d'Assyrie. Règne de Psammétique en Égypte. Combat des Horaces et des Curiaces. Kaï-Kobad, roi de Perse. Le pontife Helkias trouve les Livres de Moïse. Règne de Nabopolassar. Dracon, archonte d'Athènes. Tarquin l'Ancien, roi de Rome. Prise de Jérusalem par Nabuchodonosor-le-Grand. Solon, archonte d'Athènes. Amasis roi d'Égypte. Tyrannie de Pisistrate à Athènes.

TOME V.

De Cyrus à Alexandre. — Règne de Cyrus en Perse. Avènement de Tarquin-le-Superbe. Mort de Crésus, roi de Lydie. Prise de Babylone. Cambyse s'empare de l'Égypte. Darius Hystaspes. Rome en république. Le consul Cassius bat les Sabins. Zaleucus et Charondas, législateurs. Les tribuns du peuple à Rome. Coriolan. Bataille de Maraton. Xerxés Ier, roi de Perse. Les Termopyles. Mort de Xerxès Ier. Artaxerxés-Longuemain. Mort de Thémistocle. Appius Claudius et les décemvirs. Esdras et Néhémie. Cyrène république. Guerre d'Athènes et de Sparte. Périclés. Alcibiade. Socrate. Guerre d'Artaxerxés-Mnémon et de Cyrus le jeune. Retraite des dix mille. Bataille d'Égos Potamos. Les trente tyrans d'Athènes. Denys l'Ancien, roi de Syracuse. Camille, dictateur à Rome. Les Gaulois et Brennus. Épaminondas et Pélopidas. Bataille de Mantinée. Mort d'Agésilas. Règne de Philippe en Macédoine et d'Artaxerxés-Ochus en Perse. Denys-le-Jeune est chassé de Syracuse, Timoléon, libérateur de la Sicile et de Corinthe. Bataille de Chéronée. Philippe, généralissime des Grecs contre les Perses. Assassinat de Philippe.

TOME VII.

Alexandre-le-Grand. Alexandre passe en Thrace et détruit Thébes. Passage du Granique. Bataille d'Issus. Bataille d'Arbelles. Mort de Darius et fin de l'empire des Perses. Alexandre pénètre dans les Indes. Prise de la ville des Oxydraques. Prise de Tyr. Alexandre et Porus. Conspiration de Philotas. Conspiration d'Hermolaüs et de Callistènes. Mort d'Éphestion et de Clitus. Mort d'Alexandre-le-Grand.

TOME VIII.

Les successeurs d'Alexandre à César. — Partage des États d'Alexandre. Régence d'Antipater. Les Romains battus par les Samnites. Prise d'Athènes par Cassandre de Macédoine. Guerres d'Eumènes et d'Antigone. Guerres d'Antigone et de Cassandre. Prise de Babylone par Séleucus. Guerre des Carthaginois en Sicile. Bataille d'Ipsus. Fondation des quatre grands royaumes Macédoine, Thrace, Égypte et Syrie. Mort de Cassandre. Démétrius-Poliorcétes. Mort de Ptolémée Soter ; de Séleucus et de Lysimaque. Règne de Ptolémée Philadelphe. Rétablissement de la ligue Achéenne. Pyrrhus passe en Italie. Première guerre punique. Régulus en Afrique. Annibal s'empare de l'Espagne. Deuxième guerre punique. Annibal en Italie. Batailles du Tésin, de Trébia, de Trasimène et de Cannes. Scipion repousse Annibal. Guerre de Macédoine. Règne d'Antiochus-le-Grand en Syrie. Mort de Philopœmen, d'Annibal et de Scipion. Persée, roi de Macédoine, est vaincu par Paul-Émile. Conquêtes de Mithridate le Parthique. Troisième guerre punique. Prise et ruine de Carthage par Scipion l'Émilien. Aratus, chef de la ligue Achéenne. Destruction de Numance. Les Cimbres et les Teutons en Italie. Marius et Jugurtha. Mithridate-le-Grand, roi de Pont. Guerre de Mithridate. Sylla, dictateur. Tigrane, roi d'Arménie. Arioviste, roi des Gaulois. Lucullus et Pompée. Fin du royaume de Syrie. Conspiration de Catilina découverte par Cicéron.

TOME IX.

César à Auguste. Triumvirat de César. Pompée et Crassus. César fait passer la loi agraire. César, gouverneur des Gaules. Guerre contre Ambiorix, Vercingétorix. Défense de Cahors par Luctérius. Arioviste battu par César. César en Grande-Bretagne. Cassibelan. Guerre parthique et mort de Crassus. Guerre entre César et Pompée. Bataille de Pharsales. Mort de Caton d'Utique. Ère Julienne, César dictateur et empereur, César est assassiné par Cassius et Brutus. Triumvirat d'Antoine, Octave et Lépide. Bataille de Philippes. Mort de Cicéron. Bataille d'Actium. Mort d'Antoine et de Cléopâtre, Fin de la République romaine.

TOME X.

Histoire scientifique, littéraire et artistique. —

DEUXIÈME SÉRIE. — EMPIRE ROMAIN.

TOME XI.

Auguste. — Auguste empereur et administrateur. Expédition d'Élius Gallus en Éthiopie et en Abyssinie. La Numidie réduite en province romaine. Voyages d'Auguste. Auguste et sa famille. Guerre en Germanie et en Pannonie. Règne d'Hérode-le-Grand en Judée. Mort de Mariamne. Alexandre et Aristobule. Histoire des fils d'Hérode. Agrippa, Mécène et Tibère. Exil de Tibère. Mort d'Agrippa et de ses enfants. Naissance de Jésus-Christ. Caïus César chez les Parthes. Rappel de Tibère. Défaite et mort de Varus. Germanicus en Allemagne. Conspiration de Cinna. Mort d'Auguste.

TOME XII.

Tibère à Domitien. — Révolte des légions de Blésus. Défaite d'Arminius par Germanicus. Les philosophes chassés de Rome. Mort de Germanicus. Incendie de Rome. Tibère se retire à Caprée. Séjan, ministre. Mort de Drusus et d'Agrippine. Prédication de Saint Jean-Baptiste. Jésus-Christ et les Apôtres. Mort de Jésus. Dispersion des Apôtres. Mort de Tibère. Règne de Caligula. Agrippa, roi des Juifs. Conspiration de Cassius Chéréas. Claude salué empereur. Mort de Saint Jacques, évêque de Jérusalem. Expédition de Claude en Grande-Bretagne. Expulsion des Juifs de Rome. Mort de Messaline. Adoption de Néron. Claude est empoisonné. Règne de Néron sous la tutelle de Burhus et de Sénèque. Mort de Britannicus. Saint Pierre et Saint Paul à Rome. Mort d'Agrippine, mère de Néron. Mort de Saint Pierre et de Saint Paul. Le Colysée à Rome. Conspiration de Pison. Sénèque et Lucain mis à mort. Fuite et mort de Néron. Galba, Othon et Vitellius se succèdent. Guerre contre les Juifs. Vespasien empereur. Prise de Jérusalem. Destruction du Temple par Titus. Règne de Titus. Règne de Domitien. Expédition d'Agricola en Grande-Bretagne. Domitien est assassiné.

TOME XIII.

Nerva à Septime Sévère. Règne de Nerva. Trajan soumet l'Arabie heureuse. Trajan empereur. Soumission des Parthes et des Daces de l'Arménie, de la Syrie et de la Mésopotamie. Les barbares s'approchent de l'Europe. Règne d'Adrien. Construction des arènes de Nîmes. Le pont du Gard. Adrien fait rebâtir Jérusalem. Règne d'Antonin. Trenmor, ancêtre de Fingal, règne dans le Nord de l'Ecosse. Marc Aurèle empereur. Guerre contre les Marcomans, les Quades et les Vandales. Alvidius Cassius se fait couronner empereur en Égypte et Syrie. Mort de Marc Aurèle. Règne de Commode. Assassinat de cet empereur. Pertinax. Julien.

TOME XIV.

De Septime Sévère à Aurélien. — Sévère, Niger et Albin. Siége de Bysance par Sévère. Caracalla et Getta. Fingal règne en Écosse. Macrin assassine Caracalla. Héliogabale fait périr Macrin. Règne d'Alexandre Sévère. Dynastie des rois de Perse Sassanides. Les Goths se répandent sur les bords du Tanaïs. Assassinat d'Alexandre Sévère. Maximin I, empereur. Les deux Gordiens. Maxime et Balbin, empereurs. Gordien III. Philippe Dèce et Hostilien. Guerre contre les Scythes. Mort de Dèce. Gallus et Valérien. Valérien, empereur, est battu et fait prisonnier par Sapor, roi des Perses. Les barbares envahissent l'Europe. Gallien empereur. Prise d'Athènes par les Herules. Guerre contre Zénobie, reine de Palmyre. Mort de Gallien et règne de Claude II. Claude bat les Goths. Quintillus empereur. Cassius-Posthumius empereur. Les trente tyrans.

TOME XV.

Aurélien, empereur. Prise de Palmyre et de Zénobie par Aurélien. Aurélien est tué en Thrace. Règnes de Tacite et de Florien. Les Scythes sont battus par les Romains. Probus proclamé empereur. Probus bat les Francs et les Sarmates. Assassinat de Probus par les Prétoriens. Carus détruit les Sarmates. Carus et Numérien empereurs. Dioclétien et Maximien. Persécution contre les Chrétiens. Galère et Constance Chlore adoptés par Dioclétien et Maximien. Constance Chlore réduit l'Irlande en province romaine. Abdication de Dioclétien et Maximien. Mort de Constance Chlore à Yorck.

TOME XVI.

Maxence. Constantin et Maxence. Guerre de Galère et de Maxence. Maximien Hercule veut remonter sur le trône. Mort de Galère. Maxence, maître de l'Italie, est battu par Constantin et se noie dans le Tibre. Abolition des Prétoriens. Constantin embrasse le christianisme. Guerre de Constantin et de Licinius. Prise de Bysance par Constantin. Mort de Licinius. Concile de Nicée contre Arius. Établissement de l'Eucharistie ou sacrifice de la Messe. Le siége de l'empire est transféré à Bysance, qui prend le nom de Constantinople. Intrigues domestiques de la cour de Constantin. Mort de Crispus. Mort de Fausta. Partage de l'empire de Constantin entre ses trois fils. Mort de Constantin.

TOME XVII.

De Constance à Pharamond. — Constantin II est défait et tué près d'Aquilée par son frère Constant. Constant est tué par Magnence dans les Gaules. Guerre de Constance et de Magnence. Mort de Magnence. Julien en Germanie. Mort de Constance. Julien empereur. Expédition de Julien en Perse. Mort de Julien. Jovien empereur. Valentinien empereur d'Occident. Valens, son frère, empereur d'Orient. Les Allemands s'emparent des frontières gauloises. Les Pictes et les Saxons de la Grande-Bretagne. Les Asturiens de l'Espagne et les Maures de l'Afrique. Mort de Valentinien. Valens est brûlé par les Goths dans une chaumière. Gratien et Valentinien II. Gratien donne l'empire d'Orient à Théodose. Maxime se révolte et attaque Gratien. Mort de Gratien. Maxime est battu par Théodose. Mort d'Eugène et d'Arbogaste. Mort de Théodose-le-Grand. Arcadius et Honorius. Alaric et Radagaise pénètrent en Italie. Les Vandales, les Alains, les Suèves ravagent les Gaules.

Siége de Rome par Alaric. Ataulphe se joint à lui. Mort d'Alaric. Les Goths à Toulouse. Assassinat d'Ataulphe. Mort d'Honorius.

TOME XVIII.

Histoire Littéraire, Scientifique et Artistique. —

TROISIÈME SÉRIE. — HISTOIRE MODERNE.
TOME XIX.

Règne de Pharamond. Institution de la loi salique. Jean-le-Secrétaire occupe le trône d'Occident. Théodose refuse de le reconnaître et proclame Valentinien III. Fondation de Venise par les Vénétes de Padoue. Fondation de Kiew. Publication du Code Théodosien. Clodion s'empare de Tournay et de Cambray, Mérovée roi des Francs. Fondation de l'heptarchie Saxonne. Hengist et Horsa en Angleterre. Attila. Bataille de Châlons. Mort de Théodoric, roi des Wisigoths. Mort d'Attila. Assassinat de Valentinien III. Mort de Mérovée. Childéric Ier. Genséric, roi des Vandales. Déposition de Childéric. Ægidius, général romain, s'empare de Paris. Anthémius et Ricimer. Glycérius. Olybrius. Julius-Népos. Augustule. Mort de Léon l'Ancien. Fin de l'empire d'Occident. Odoacre, roi des Hérules. Règne de Clovis. Défaite de Siagrius. Théodoric, roi des Ostrogots, s'empare d'Odoacre et le fait mettre à mort. Assassinat de Zénon, empereur d'Orient. Avènement d'Anastase. Sainte Clothilde. Saint Remy, Bataille de Tolbiac. Conversion de Clovis. Royaume de Pologne. Alaric, roi des Wisigoths, est tué par Clovis à Vouillé. Mort de Clovis.

TOME XX.

Partage entre les fils de Clovis. Mort d'Anastase. Justin empereur. Guerre de Bourgogne. Mort de Sigismond, roi de Bourgogne, et de Clodomir, roi d'Orléans. Fondation du royaume de Wessex en Angleterre. Massacre des enfants de Clodomir. Mort de Théodoric, roi des Ostrogoths. Athalaric, son petit-fils, lui succède. Mort du célèbre roi Arthur. Guerre de Childebert et Clotaire contre Amalaric, roi des Wisigots. Règne de Justinien. Bélisaire fait la guerre aux Perses. Monastère du mont Cassin. Publication du code Justinien. Mort d'Amalaric. Mort d'Athalaric et d'Amalasonthe. Règne de Chosroës Anouschirvan en Perse. Guerre de Bélisaire contre les Vandales. Guerre de Bélisaire contre les Ostrogoths d'Italie. Vitigés, Araric, Totila, Téja, Théodebert, roi d'Austrasie. Fin du Consulat. Fondation de l'empire du Pérou. Narsés chasse les Ostrogoths de la Sicile. Les Huns menacent Constantinople. Mort d'Agilmond et règne d'Alboin, roi des Lombards. Cunimond, roi des Gépides, vaincu par Alboin. Règne de Mondhir III, en Arabie. Childebert meurt sans héritiers. Clotaire réunit les quatre royaumes. Mort de Clotaire.

TOME XXI.

Règne de Caribert. Chilpéric, Gontran et Sigebert, fils de Clotaire Ier. Exil de Bélisaire. Mort de Justinien. Justin II lui succède. Discorde de Frédégonde et de Brunehaut, fille d'Athanagilde, roi des Wisigoths. Longin Ier, exarque de Ravenne. Naissance de Mahomet. Assassinat de Sigebert, roi d'Austrasie. Léovigilde, roi des Wisigoths. Saint Léandre, évêque de Séville. Mort d'Alboin, roi des Lombards, assassiné par Rosemonde, sa femme. Premiers ducs de Frioul, de Bénévent et de Spolète. Tibère et Maurice, empereurs d'Orient. Mort de Khosrou Anouschirvan. Règne d'Hormouz III, en Perse. Assassinat de Chilpéric Ier, par Frédégonde. Gontran, tuteur de Clotaire II. Childebert II règne en Austrasie. Récarèdes, roi des Wisigots d'Espagne. Agilulphe, roi des Lombards. Guerre de Clotaire et des fils de Childebert, ses cousins. Pontificat de Saint Grégoire-le-Grand. Phocas occupe le trône de Constantinople. Héraclius, empereur. Règne de Kosrou-Parviz en Perse. Mort de Thierry, roi de Bourgogne. Ère de l'Hégyre, Mahomet prêche sa doctrine. Khosrou-Parvis engage les barbares à assiéger Constantinople. Mort de Clotaire II.

TOME XXII.

Dagobert, roi de France. Pépin l'Ancien, maire du Palais. Mahomet s'empare de la Mecque. Soumission d'Abou-Sofian. Abubeker devient kalife à la place de Mahomet. Saint Éloi. Fondation de l'abbaye de Saint-Denys. Prise de Jérusalem par le khalife Omar. Défaite des Perses par les Sarrasins. Troubles en Perse. Les reines Arzémidochkt et Tourandockht. Schahriar. Farroukczad. Yezdeguerd III. Taï-Tsoung, empereur de la Chine. Mort de Dagobert II. Sigebert II, roi d'Austrasie. Clovis II, roi de France. Amrou s'empare de l'Égypte et d'Alexandrie. Incendie de la grande bibliothèque. Othman succède à Omar, assassiné. Invention des moulins à vent par les Arabes. Mort de Clovis II. Clotaire III lui succède. Ébroïn, maire du Palais. Moaviah et Ali se disputent le pouvoir suprême. Assassinat du kalife Ali. Yezid, fils du kalife Moaviah, assiége Constantinople. Invention des feux grégeois. Assassinat de Childéric II. Thierry Ier roi de France. Khalifat de Yezid-ben-Moaviah. Règne de Constantin Pogonat. Abdication de Wamba, roi des Wisigoths. Abdallah-ben-Zobaïr est proclamé kalife en Égypte et à la Mecque. Pépin d'Héristal, maire du Palais. Justinien II, empereur d'Orient. Moawiah II. Merwan Abdal-malek-ben-Mérouan, kalifes. Mort d'Abdallah-ben-Zobaïr. Mort de Thierry Ier.

TOME XXIII.

Clovis III roi de France. Léonce empereur. Luc Anafesto Ier, doge de Venise. Règne de Miécislas Ier, en Pologne. Mort d'Égica, roi d'Espagne. Vitiza, son fils, lui succède. Justinien II remonte sur le trône. Khalifat-de-Walid-ben-Abdelmelech. Invasion des Sarrasins dans les Indes. Roderic règne en Espagne. Dagobert III succède à Childebert II. Armée des Arabes en Espagne. Mouca-ben-Nocaïr, gouverneur de l'Afrique, envoie son lieutenant Tarif-ben-Malik s'emparer des états de Rodrigue. Bataille de Xérès, où Rodrigue perd la vie. Mort de Philippique Bardane et règne d'Anastase II en Orient. Mort de Pepin d'Héristal. Charles-Martel lui succède. Chilpéric III et Clotaire IV. Pélage prend le royaume des Asturies. Prise de Narbonne par Alahor. Thiéry II, roi de France. Siége de Toulouse par les Sarrasins. Léon l'Isaurien, empereur d'Orient, ordonne la destruction des images. Le Pape Grégoire s'y oppose. Règne de Luitprand en Lombardie. Soliman I. Omar II. Yezid II. Khalifes. Abderrhaman, gouverneur d'Espagne pour les Maures, s'avance dans le Poitou. Charles-Martel va à sa rencontre et le bat dans les plaines de Tours et de Poitiers. Mort de Thiéry IV. Charles-Martel régent. Mort de Charles-Martel. Childéric III. Alphonse le Catholique chasse les Maures des Asturies. Fin de la première race. Aboul-Abas Saffah Ier. Khalife abbasside

TOME XXIV.

Pepin-le-Bref, roi de France. Siége de Rome par Astolphe, roi des Lombards. Abougiafar-Almanzor, kalife d'Orient. Abderame Ier, kalife ommiade de Cordoue. Prise de Narbonne par Pepin. Guerre de Pepin et de Waïfre, duc d'Aquitaine. Charlemagne et Carloman. Guerre avec les Saxons.

Didier, roi des Lombards, est fait prisonnier par Charlemagne. Charlemagne est reconnu roi d'Italie. Siége de Pampelune par Charlemagne. Bataille de Roncevaux et mort de Roland. Witikind, chef des Saxons, est battu par Charlemagne. Pepin, fils de Charlemagne, est couronné roi d'Italie. Louis, son frère, roi d'Aquitaine. Kalifat d'Haroun-al-Raschid. Charlemagne pille la Saxe. Mort du pape Adrien. Charlemagne à Rome. Léon III le couronne empereur. Irène règne à Constantinople. Massacre de Giafar et des quarante Barmécides. Mort d'Haroun-al-Raschid. Kalifat d'Al-Amin et d'Almamoun ses fils. Prise de Tortone par les Sarrasins. Louis-le-Débonnaire associé à l'empire. Mort de Charlemagne.

TOME XXV.

Louis-le-Débonnaire, empereur. Egbert Ier, roi d'Angleterre. Guerre des fils de Louis-le-Débonnaire contre leur père. Louis est rétabli par une assemblée d'Évêques. Mort de Pepin, roi d'Aquitaine, fils de Louis-le-Débonnaire. Divisions de la famille de Louis. Arrivée des Normands en France. Mort du kalife Mostanser Billah. Piast, roi de Pologne. Mort de Louis-le-Débonnaire. Partage entre ses trois fils. Ramire, roi d'Espagne. Abderame II, kalife de Cordoue. Siége de Séville par les Normands. Léon IV, pape. Mort d'Abderame II, célèbre guerrier et législateur habile. Mort de l'empereur Lothaire. Garcie Ximenés Ier, roi de Navarre. Invasion des Danois en Angleterre. Assassinat de l'empereur Michel par Basile le Macédonien. Alfred-le-Grand règne en Angleterre. Mort de Louis-le-Germanique, roi de Bavière. Alfred bat les Danois. Mort de Charles-le-Chauve et règne de Louis II le Bègue. Louis III et Carloman. Charles-le-Gros, empereur, roi de France et roi de Bavière. Siége de Paris par les Normands. Eudes règne en France. Troubles à Rome, entre Formose et Sergius. Siége de Rome par l'empereur Arnoul. Théodora et Marosie. Mort d'Eudes.

TOME XXVI.

Charles-le-Simple monte sur le trône. Mort de Léon V l'Arménien. Règne de Constantin Porphyrogénéte. Rollon, chef des Normands, fonde le duché de Normandie. Mort de l'empereur Louis IV. Conrad de Franconie, empereur. Suite des intrigues de Théodora. Bérenger, duc de Frioul, est couronné empereur. Guillaume Ier, duc de Normandie. Théodoric Ier, comte de Hollande. Siége de Constantinople par les Bulgares. Henri l'Oiseleur de Saxe, empereur. Raoul chasse Charles-le-Simple. Mort de Charles-le-Simple, à Péronne. Le kalife Khaher-Billah est déposé. Mort de Raoul ou Rodolphe, roi de France. Louis IV, d'outre-mer, est rappelé d'Angleterre par Hugues-le-Grand, maire du palais. Règne d'Athelsthan en Angleterre. Othon-le-Grand, empereur d'Allemagne. Lothaire, roi de France. Hugues Capet, devient maire du palais et duc de France. Othon II, empereur. Expédition de Suénon, roi de Danemarck en Angleterre. Othon III, empereur. Mort de Lothaire et de son fils Louis V. Fin de la race des Carlovingiens.

TOME XXVII.

Histoire littéraire, scientifique et artistique. —

QUATRIÈME SÉRIE.

TOME XXVIII.

Hugues Capet à Philippe Ier. — Hugues Capet. Le pape Jean XV fait faire un catalogue des saints. Couronnement de Robert II, roi de France. Othon III rappelle à Rome le pape Grégoire chassé par Crescentius. Guibert Sylvestre II, premier pape français. Institution des ducs et pairs de France. Mort de l'empereur Othon III d'Allemagne. Henri II, duc de Bavière, empereur. Canut-le-Grand, roi de Danemarck et d'Angleterre. Conrad-le-Salique, empereur. Disputes de Robert et du pape. Robert répudie Berthe. Mort de Robert. Henri Ier lui succède. Institution des cardinaux en la personne d'Humbert de Bourgogne. Tancrède de Hauteville et ses douze enfants s'emparent de la Sicile, de la Pouille, etc. Robert Guiscard. Togrul-Bey, fils de Seldjouk, s'empare de l'Irak, de la Perse et de la Mésopotamie. Henri-le-Noir, empereur. Pontificat de Léon IX Brunon, parent de l'empereur d'Allemagne. Commencement des Républiques italiennes. Pontificat de Victor II. Henri II, empereur. Étienne IX. Robert Guiscard chasse les Sarrasins de la Sicile. Mort de Henri Ier, roi de France.

TOME XXIX.

Règne de Philippe Ier. Beaudouin, comte de Flandre, régent de France. Alexandre II, pape. Honorius II, anti-pape. Sanche-Ramire, roi d'Arragon. Commencement des croisades. Sept mille pélerins, guidés par Sigefroy, archevêque de Mayence, s'embarquent pour Jérusalem. Mort de Ferdinand Ier, roi d'Espagne et d'Édouard-le-Confesseur, roi d'Angleterre. Harold, prince danois et Guillaume, duc de Normandie, se disputent la couronne. Bataille d'Hastings. Mort d'Harold. Avènement de Guillaume le Conquérant. Hildebrand est élu pape sous le nom de Grégoire VII. L'empereur Henri IV demande pardon à Grégoire VII. Déposition de Henri par Grégoire, et de Grégoire par Henri. Siége de Rome par Henri IV. Henri IV s'installe au palais de Latran et y fait couronner Clément III. Grégoire VII meurt à Palerme. Donation de la comtesse Mathilde au Saint-Siége. Siége de Tolède par Alphonse VI, roi de Castille. Mort de Guillaume le Conquérant. Guillaume-le-Roux, son fils, roi d'Angleterre. Urbain II, pape français. Pierre Lhermite prêche la première croisade. Départ des princes croisés. Alexis Commène, empereur d'Orient. Prise d'Antioche et de Jérusalem par Godefroy de Bouillon. Godefroy est élu roi de la ville. Règne d'Henri Ier en Angleterre. Fondation de l'ordre de St.-Jean-de-Jérusalem. Mort de l'empereur Henri IV. Mort de Philippe Ier.

TOME XXX.

Louis VI. Louis VII. Louis-le-Gros, roi de France. Mort d'Alphonse VI, roi d'Espagne. Établissement des communes. Républiques de Lucques et de Florence. L'empereur Henri V à Rome. Fondation de l'ordre du Temple. Lothaire II, empereur. Guerre entre l'Angleterre et la France. Mort de Henri Ier, roi d'Angleterre. Étienne de Boulogne, prisonnier de l'impératrice Mathilde. Mort de Louis-le-Gros. Louis VII le Jeune, roi de France. Bataille d'Ourrique. Alphonse Ier, roi de Portugal. Commencement des guerres des Guelfes et des Gibelins. Seconde croisade prêchée par Saint Bernard. L'abbé Suger devient régent du royaume. L'empereur Conrad et Louis VII en Palestine. Divorce de Louis et d'Éléonore de Guyenne. Éléonore épouse Henri Plantagenet qui monte sur le trône d'Angleterre. Frédéric II. Barberousse, empereur. André II le Hiérosolymitain, roi de Hongrie. Henri Plantagenet demande à Louis VII les possessions d'Éléonore. Mort d'Alphonse VIII, roi de Castille. Assassinat de Thomas Becket, archevêque de Cantorbéry. Guerre entre la France et l'Angleterre. Saladin, sultan d'Égypte. Alphonse IX, roi de Castille. Mort de Louis-le-Jeune, roi de France.

TOME XXXI.

Philippe-Auguste, roi. République de Parme et de Plaisance. Mort de Waldemar-le-Grand, roi de Danemark. Othon de Wittelsbach, duc de Bavière. Bernard d'Ascanies, duc de Saxe. Saladin fait la conquête de l'Arabie, de la Perse et de la Mésopotamie. Mort de Beaudouin V, roi de Jérusalem. Guy de Lusignan est fait prisonnier par Saladin. Clément III, pape. Troisième croisade. Richard Cœur-de-Lion, Philippe-Auguste, Léopold d'Autriche prennent la croix. L'empereur Frédéric part pour la Terre-Sainte; il prend Iconium et meurt la même année. Henri VI, empereur. Retour de Philippe-Auguste en France. Bataille d'Ascalon. Victoire de Richard. Richard, prisonnier de Léopold d'Autriche. Troubles en Angleterre. Richard rentre dans ses états et fait la guerre à Philippe-Auguste. L'empereur Henri VI s'empare de la Sicile. Mort de Saladin. Richard Cœur-de-Lion est tué au siége de Chalus. Meurtre d'Arthur de Bretagne par Jean Sansterre. Quatrième croisade. Prise de Constantinople par les croisés. Établissement de l'inquisition. Gengis-Khang, empereur des Mogols. Guerre des Albigeois. Simon de Montfort. Guerre de Jean Sansterre et de Philippe-Auguste. Bataille de Bouvines. Louis Cœur-de-Lion envahit l'Angleterre. Mort d'Othon IV. Conquêtes de Gengis-Khang. Mort de Philippe-Auguste.

TOME XXXII.

Louis VIII et Louis IX. — Louis VIII roi de France. Expulsion des Maures d'une grande partie de l'Espagne. Guerre d'Angleterre et de France. Louis IX, roi sous la tutelle de Blanche de Castille. Croisade de Frédéric II, empereur d'Allemagne. Excommunication de l'empereur Frédéric. Établissement de la ligue anséatique. Invasion des Mogols en Europe. Cinquième croisade. Louis IX s'embarque à Aiguesmortes. Prise de Damiette. Bataille de Massourah. Louis IX prisonnier des infidèles. Mort de l'empereur Frédéric II. Fondation de la dynastie des sultans Mamlucks par Aezzeddin. Secte des Pastoureaux. Mort de Ferdinand III, roi de Castille. Alphonse X le Sage lui succède. Mort de l'empereur Conrad IV. Conradin et Mainfroy. Inquisition en France à la demande de Saint Louis. Mort du pape Alexandre IV. Abolition du duel judiciaire en France. Charles, duc d'Anjou, s'empare de la Sicile. Sixième et dernière croisade. Mort de Conradin. Louis IX meurt de la peste à Tunis.

TOME XXXIII.

Philippe III le Hardi. Mort de Henri III, roi d'Angleterre. Règne d'Édouard Ier. Rodolphe de Hapsbourg, empereur. Mort de Jacques Ier, roi d'Arragon. Règne de Pierre III. Nicolas III des Ursins, pape. Martin IV, pape français. Vêpres siciliennes. Mort de Pierre III d'Aragon, Mort de Philippe III. Règne de Philippe IV le Bel. Baliol et Bruce se disputent le trône d'Écosse. République de Gênes. Prise de Tyr et de Ptolémaïs par les mamlucks. Fin des croisades. Boniface VIII pape. Othman, fils d'Ortogrul, s'établit en Bithynie. Première découverte des îles Canaries. Excommunication de Philippe-le-Bel. Mort de Wallace. Édouard Ier s'empare de l'Écosse. Clément V, pape. Arrestation des Templiers. Les Suisses se délivrent du joug de l'Autriche. Assassinat de l'empereur Albert. Robert Bruce est reconnu roi d'Écosse. Clément V à Avignon. Supplice des Templiers. Origine des parlements. L'empereur Henri Ier s'empare de la Bohême. Prise de Rhodes par les chevaliers de l'ordre de Saint-Jean. Mort de l'empereur Henri Ier à Vienne. Mort du Pape Clément V. Mort de Philippe-le-Bel. Alexandre Nevsky.

TOME XXXIV.

Louis X. Mort d'Enguerrand de Marigny. Andronic II, empereur. Édouard II, roi d'Angleterre. Mort de Louis X. Philippe V le Long, son frère. Discussion de Robert et de Mahaud d'Artois. Fin de la première guerre de la France et des Flamands. Mort de Philippe-le-Long. Jean XXII, de Cahors, pape. Règne de Charles-le-Bel. Nouvelle guerre entre la France et l'Angleterre. Prise de la ville et du château de Montpezat en Agenais par Charles-de-Valois, frère de Philippe-le-Bel. Assassinat d'Édouard II.

roi d'Angleterre, par sa femme Isabelle et Roger de Mortimer, son amant. Règne d'Édouard III. Orcan succède à Othman son père comme sultan des Turcs. Alphonse II, roi de Portugal.

TOME XXXV.

Histoire scientifique, littéraire et artistique. —

CINQUIÈME SÉRIE.

TOME XXXVI.

Règne de Philippe de Valois. Révolte des Flamands, conduite par Artevelle. Édouard III prend le titre de roi de France. Simon Boccanégra, premier doge de Gênes. Condamnation de Robert III, comte d'Artois. Mort de Jean XXII. Guerre entre Édouard III et Philippe. Bataille de Tariffa, gagnée par Alphonse XI de Castille et Alphonse IV de Portugal sur les Maures. Siége de Tournay par Édouard III d'Angleterre. Assassinat d'André de Hongrie par la reine Jeanne de Naples, sa femme. Prise de Calais, par Édouard III. Dévouement d'Eustache de Saint-Pierre. Gabrino Rienzi rétablit le tribunat à Rome. Les Scala de Vérone. Castruccio Castracani. Les Visconti à Milan. Humbert de Dauphiné donne ses états à la France. Institution de l'ordre de la Jarretière. Mort de Philippe de Valois.

TOME XXXVII.

Règne de Jean-le-Bon. siége de Gibraltar et mort d'Alphonse XI. Pierre-le-Cruel, roi de Castille. Charles le Mauvais, roi de Navarre, fait assassiner Charles de la Cerda, connétable de France. Mort de Nicolas Rienzi. Conspiration et mort de Marino de Faliero. André Dandolo, doge de Venise. Emprisonnement du roi de Navarre. Amurat Ier, sultan des Turcs. Bataille de Poitiers. Prise du roi Jean. Régence de Charles, dauphin duc de Normandie. Mort d'Alphonse IV de Portugal. Don Pèdre et Ines de Castro. Commencement de la Jacquerie. Le prévôt Etienne Marcel. Les Turcs s'établissent à Gallipoli. Le roi de Navarre se sauve de prison. Traité de Brétigny entre le Régent et les députés d'Édouard. Le roi Jean revient en France. Le connétable du Guesclin. Mort de Philippe de Rouvre duc de Bourgogne. Fondation de la Bibliothèque du Roi à Paris. Guerre de Pierre-le-Cruel, roi d'Aragon et de Pierre-le-Cruel de Castille. Prise d'Andrinople, par Amurat Ier.

Commencement de Tamerlan. Tamerlan tue le khan Togul Timour. Le roi Jean revient en Angleterre. Sa Mort.

TOME XXXVIII.

Règne de Charles V. Bataille de Cocherel, gagnée par Duguesclin sur Charles-le-Mauvais. Ligue des chrétiens contre les turcs d'Andrinople. Prise d'Alexandrie par Lusignan, roi de Chypre. Duguesclin chasse Pierre-le-Cruel et met sur le trône de Castille Henri de Transtamarc. Révolte de la Guyenne contre Édouard prince de Galles. Guerre entre Charles V et Édouard III. Duguesclin reprend la Guyenne, le Poitou, etc. Mort de Chandos, général anglais. Robert Stuart monte sur le trône d'Ecosse. Mort de Casimir-le-Grand, roi de Pologne. Jean de Montfort, duc de Bretagne. Tamerlan envahit les états du sultan Hussein de Kharisme. Le moine Ladislas excite des troubles en Pologne. Charles V accorde la noblesse à tous les bourgeois de Paris. Les rois déclarés majeurs à quatorze ans. Mort du prince de Galles. Mort d'Édouard III, roi d'Angleterre. Richard II, son fils, lui succède. Doctrine de Wicleff. Suite des conquêtes de Tamerlan. L'empereur Charles et le roi Venceslas à Paris. Schisme de Clément VII. Robert de Genève. Mort du connétable du Guesclin. Mort de Charles V.

TOME XXXIX.

Règne de Charles VI. Régence du duc d'Anjou. Philippe-le-Hardi, duc de Bourgogne. Bataille de Chiozza. Victor Pisani bat les Génois. André Contarini doge de Venise. Prise de Candahar par Tamerlan. Fin de la dynastie des Turcs en Égypte. Backouk, chef des mamelucks barstites, s'empare de l'Égypte. Bataille d'Aljuboratta. Jean-le-Bâtard, roi de Portugal. Bataille de Sempach. Mort de l'archiduc Léopold d'Autriche. Jagellon, grand-duc de Lithuanie, roi de Pologne. Factions du mouton noir et du mouton blanc en Turcomanie et Diarbékir. Commencement de l'empire du Mexique. Bajazet Ier, sultan des Turcs, assiége Constantinople. Charles VI. Faction du duc de Bourgogne. Jean Galéas Visconti Ier, duc de Milan. Gênes se donne à la France. Bataille de Nicopolis, gagnée par Bajazet sur les Hongrois. Marguerite de Waldemar, reine des Scandinaves. Siége d'Avignon par le maréchal

Boucicaut. Le connétable de Clisson. Déposition de Richard II, roi d'Angleterre. Henri IV, duc de Lancastre. Bataille d'Ancyre. Bajazet est fait prisonnier par Tamerlan. Mort de Tamerlan. Concile de Paris. Henri V, roi d'Angleterre. Assassinat de Louis duc d'Orléans. Concile de Constance. Condamnation de Jean Huss et de Jérôme de Pragues. Bataille d'Azincourt. Jean Ziska en Bohême. Assassinat de Jean Sans-Peur, duc de Bourgogne. Découverte des îles de Madère. Bataille de Beaugé. Henri V à Paris. Mort d'Henri V à Vincennes. Mort de Charles VI.

TOME XL.

Règne de Charles VII. Amurat II assiége Constantinople. Bataille de Verneuil. Siége d'Orléans par les Anglais. Jeanne d'Arc. Jeanne d'Arc prisonnière est brûlée par les Anglais. Fondation de l'ordre de la Toison-d'Or. Découverte des îles Açores. Mort de Jean Ier, roi de Portugal. Albert II d'Autriche, empereur. La pragmatique sanction. Concile de Bâle. Le comte de Derby en Guyenne. Amanieu II de Montpezat, grand-sénéchal d'Agenais. Croisade en Hongrie contre les Turcs. Victoire de Jean Huniade. Commencement de Scanderbeg. Bataille de Varnes sur le Pont Euxin, gagnée par Amurat sur Ladislas de Hongrie. François Sforce duc de Milan. Bataille de Formigny. Conquête de la Normandie par Charles VII. Invention de l'imprimerie. Conquête de la Guyenne sur les Anglais. Guerre de la rose blanche et de la rose rouge en Angleterre. Bataille de Saint-Alban. Henri VI prisonnier. La reine Marguerite d'Anjou. Jacques II, roi d'Écosse. Mahomet II s'empare de Constantinople. Huniade fait lever aux Turcs le siége de Belgrade. Bataille de Northampton. Nouvelle défaite de Henri VI. Jacques III Stuard, roi d'Écosse. Découverte des îles du Cap-Vert. Édouard IV d'Yorck proclamé roi d'Angleterre. Réné d'Anjou, roi de Provence et de Naples. Mort du roi Charles VII. Côme de Médicis.

TOME XLI.

Règne de Louis XI. Guerre du bien public. Charles-le-Téméraire, duc de Bourgogne. Soulèvement des Liégeois. Mort de Scanderbeg. Destruction de Liége par Charles-le-Téméraire. Louis II à Péronne. Ferdinand le Catholique et Isabelle sa femme, rois d'Aragon et de Castille. Mort de Charles VIII, roi de Suède. Prise de Négrepont par Mahomet II. Ussum-Cassam s'empare du trône de Perse; il est battu par Mahomet II. Warwick et Clarence s'emparent de l'Angleterre. Henri IV rétabli. Guerre de Charles-le-Téméraire et de Louis XI. Édouard reprend sa couronne. Bataille de Barnet. Mort de Warwick. Bataille de Tewkerbury. Marguerite d'Anjou, prisonnière. Mort d'Henri II. Alphonse de Portugal en Afrique. Mort du duc de Guyenne. Iwan Wassiliéwitch, grand-duc de Russie. Ligue contre Louis XI. Batailles de Granson et de Morat, gagnées par les Suisses. Mort de Charles-le-Téméraire. Condamnation de Jean d'Armagnac, duc de Nemours. Conjuration des Pazzi. Laurent de Médicis. Le Pape Sixte IV. Mort d'Alphonse V, roi de Portugal. Guerre entre l'Angleterre et l'Écosse. Exécution de Fernand II, duc de Bragance. Mort d'Édouard IV et de ses enfants. Richard III, duc de Glocester, monte sur le trône. La Balue. Jeacques Coitfier. Olivier le Daim. Tristan l'hermite. Commines. Mort de Louis XI.

TOME LXII.

Charles VIII, roi de France. Bataille de Bosworth. Henri Tudor devient roi d'Angleterre. Maximilien, empereur d'Autriche. Découverte du Congo. Guerre de Charles VIII et du duc de Bretagne. Découverte du cap de Bonne-Espérance. Bataille de Saint-Aubin. Zizim et Bajazet II. Conquête du royaume de Grenade. Fin de la Domination des Maures en Espagne. Alexandre II Borgia monte sur le trône pontifical. Découverte de l'Amérique par Christophe Colomb. Le pape Alexandre, arbitre entre les rois d'Espagne et de Portugal. Conquête du royaume de Naples, par Charles VIII. Alphonse d'Est, duc de Ferrare. Ludovic le Maure, duc de Milan. Charles VIII entre à Rome. Prise de Naples, par Charles VIII. Ligue contre Charles VIII. Bataille de Fornoüe. Diette de Worms. Améric Vespuce et Vasco de Gama. Magellan. Mort de Charles VIII. Règne de Louis XII. Baberkhan. Sébastien Cabot. Conquête du Milanais. Le cardinal d'Amboise. D'Albuquerque, vice-roi des Indes. Mort d'Alexandre VI. Pie III, Jules II, papes. Mort d'Isabelle, reine d'Espagne. Ligue de Cambray contre Venise. Tristan d'Acunha dans l'Inde. Mort de Henri Tudor. Henri VIII. Bataille d'Agnadel. Ligue contre Louis XII. Bataille de Ravenne.

Mort de Gaston de Foix, duc de Nemours. Le chevalier Bayard. Mort de Jules II. Pontificat de Léon X. Bataille de Novarre. Journée des éperons. Prise d'Ormus, par Alberquerque. Nugnés de Balboa. Formation des treize cantons helvétiques. Mort de Louis XII.

TOME XLIV.

Règne de François Ier. Bataille de Marignan. Mort de Ferdinand le Catholique, roi d'Arragon. Charles-Quint, roi d'Espagne. Ministère du cardinal Ximénés. Concordat entre Léon X et François Ier. Prédication de Luther. Christian II, roi de Suède. Mort de l'empereur Maximilien. Mort de Sélim Ier. Soliman II le Magnifique. Conquête du Mexique, par Fernand Cortès. Prédication de Zwingle. Guerre entre François Ier et Charles-Quint. Mort de Léon X. Mort de Magellan. Prise de Mexico par Cortès. Gustave Wasa délivre la Suède. Adrien VI, pape. Siége de Rhodes. Ligue contre François Ier. Clément VII, souverain pontife. Découverte du Canada. Bataille de Pavie. François Ier, prisonnier. Pizarre découvre le Pérou, aidé d'Almagro. Retour de François Ier en France. Bataille de Mohatz, entre les Hongrois et les Turcs. Jean de Leyde, chef des anabaptistes. Sac de Rome par Charles-Quint. André Doria met Gênes en liberté. Traité de Cambray. Diète de Spire. Charles-Quint empereur. Anne de Boleyn. Jeanne de Seymour. Almagro pénètre dans le Chili. Le pape excommunie Henri VIII. Séparation de l'église anglicane. Institution des jésuites. Exécution de Catherine Howard. Bataille de Césiroles. Mort de Jacques V, roi d'Écosse. Ivan Basilowitz, czar de Russie. Défense de Sienne. Mort de Henri VIII et de François Ier.

TOME XLV.

Édouard VI règne en Angleterre, Marie Stuart en Écosse, Henri II en France. Conspiration de Fiesque contre André Doria. Sigismond Auguste, roi de Pologne. Exécution du duc de Sommerset. Les jésuites s'établissent à Paris. Pacification de Passau. Mort d'Édouard VI. Marie Tudor. Exécution de Jeanne Gray. Le catholicisme rétabli en Angleterre. Mariage de Marie Tudor et de Philippe, fils de Charles-Quint. Abdication et retraite de Charles-Quint au monastère de Saint-Just. Mariage de Marie Stuart et de François, dauphin de France. Ferdinand, empereur. Philippe II, roi d'Espagne. Mort de Marie Tudor. Règne d'Élisabeth. Invention de la période Julienne par Scaliger. Traité de Catcau Cambrésis. Le connétable Anne de Montmorency. Henri est tué dans un tournoi par le comte de Montgomery.

TOME XLVI.

Règne de François II. Régence de Catherine de Médicis. Ministère du duc de Guise et du cardinal de Lorraine. Élisabeth rétablit la religion protestante. Établissement d'une chambre ardente en France. Conjuration d'Amboise. Mort de François II. Charles IX. Ligue des Gueux en Hollande. Le chancelier de l'Hôpital. Marie Stuart revient en Écosse et y épouse Henri Darnley Stuart. Fin du concile de Trente, après vingt-huit ans de durée. Mort de Darnley, roi d'Écosse. Le comte de Bothwell épouse Marie Stuart. Le duc d'Albe, gouverneur des Pays-Bas. Exécution des comtes d'Egmont et de Horn. Les huguenots prennent la Rochelle et Orléans. Mort de don Carlos, prince d'Espagne et d'Élisabeth de Valois, sa belle-mère. Bataille de Jarnac. Siége de Malte, par les Turcs. Louis de Condé. Révolte des Pays-Bas contre l'Espagne. Massacre de la Saint-Barthélemy. Mort de l'amiral de Coligny. Révolte de Montauban. Charles IX meurt empoisonné. Le duc d'Anjou roi de Pologne. Bataille de Lépante.

TOME XLVII.

Règne de Henri III. Montluc en Guienne. Beaumont des Adrets. Mort de don Sébastien, roi de Portugal, à la bataille d'Alcasar. Traité d'Utrecht. Guillaume de Nassau, prince d'Orange, Sthatouder de Hollande. Mort du cardinal Henri. Philippe d'Espagne s'empare du Portugal. Réforme du Calendrier sous le pape Grégoire XIII. Assassinat du prince d'Orange. Mort du duc d'Alençon. Mort de Grégoire XIII. Sixte-Quint, pape. Commencement de la ligue. Procès, jugement et exécution de Marie Stuart. Le comte de Leicester. Maurice de Nassau, Stathouder de Hollande. Philippe équipe une flotte de 150 vaisseaux, l'*Armada* ou l'*Invincible*. L'*Armada* est détruite par une tempête. Journée des barricades. Henri III repoussé de Paris par les factions des Seize et de Henri duc de Guise. Ouverture des états généraux de Blois. Assassinat de Henri duc de Guise et du cardinal de Lorraine, son frère. Mort de Catherine de Médicis. Le prince de Condé, Henri Ier, meurt empoisonné. Henri III est assassiné par Jacques Clément.

TOME XLVIII.

Histoire littéraire, scientifique et artistique. —

SIXIÈME SÉRIE.

TOME XLIX.

Le cardinal de Bourbon proclamé roi. Règne de Henri IV. Bataille d'Ivry. Mort du cardinal de Bourbon. Henri IV assiége Paris. Alexandre Farnèse duc de Parme. Jean Châtel. Bataille d'Arques. Traité de Vervins. Divorce de Marguerite de France et de Henri IV. Exécution du Maréchal de Biron. Mariage de Henri IV et de Marie de Médicis. Mort de la reine Élisabeth. Jacques Stuart, roi d'Angleterre et d'Écosse. Ministère du duc de Sully, de Villeroy, de Sillery, de Jeannin. Agrippa d'Aubigné. Conspiration des poudres en Angleterre. Philippe III, roi d'Espagne. Les Anglais s'établissent en Virginie et y bâtissent James-Town. Découverte de la baie d'Hudson. Philippe chasse d'Espagne neuf cent mille maures. Ministère du duc de Lerme. Ligue catholique contre l'empereur Rodolphe. Les jésuites se forment un royaume au Paraguay. Henri IV et sa cour. Gabrielle d'Estrées. Henriette d'Entragues, Charlotte des Essarts. Bellegarde. Bassompierre. Crillon. Duplessis-Mornay. Henri IV est assassiné par Ravaillac.

TOME L.

Règne de Louis XIII. Mort de Charles IX, roi de Suède. Gustave Adolphe lui succède. Michel Féodorowitz Romanoff, czar de Russie. États généraux de Paris. Guerre de trente ans. Commencement des Wighs et des Torys en Angleterre. Mort du maréchal d'Ancre. Supplice de Léonora Galigaï. Le connétable de Luynes. Mort du grand-pensionnaire Barneveld. Insurrection de la Bohême contre l'empereur Mathias. Mort de l'empereur. Ferdinand II lui succède. Prise du pont de Cé. Pacification d'Ulm. Bataille de Prague. Mort de Philippe III, roi d'Espagne. Les successeurs d'Akbar-Khan, empereur du Mogol. Abbas-le-Grand, sophi de Perse. Règne de Philippe IV. Le duc d'Olivarés, ministre. Mort de Cosme III, grand duc de Toscane. Mort du connétable de Luynes. Le chancelier Bacon. Mort de Jacques Ier, roi d'Angleterre. Charles Ier, son fils, lui succède. Ministère du duc de Buckhingham. Ligue contre l'empereur Ferdinand.

TOME LI.

Ministère du cardinal de Richelieu. Le duc de Buckhingham fait déclarer la guerre à la France. Siége de la Rochelle. Mort d'Abbas-le-Grand. Tai-Tsong, chef des Mantcheoux, se dispose à la conquête de la Chine. Gustave Adolphe chasse le général Tilly du Mecklembourg. Wallenstein. Spinola. Piccolomini. Prise de Stettin par Gustave-Adolphe. Prise de Francfort sur l'Oder. Bataille de Lepzick. Défaite de Pappenheim et de Tilly. Bataille de Lutzen. Mort de Gustave-Adolphe. Le duc de Saxe Weymar. Mort du duc de Montmorency. Assassinat de Wallenstein. Bataille de Nordlingen. Les Suédois sont battus. Prise de Philippsbourg. Guerre de la France et de l'Espagne. Établissement du Covenant en Angleterre. Charles Ier casse le parlement. Bataille de Rocroy. Prise de Newcastle. Exécution de Strafford. Révolution de Portugal. Règne de Jean IV de Bragance. Origine des jansénistes. Exécution de Cinq-Mars et de Thou. Mort du cardinal de Richelieu. Mazarin, ministre. Bataille de Newbury. Défaite de Charles Ier. Mort de Louis XIII.

TOME LII.

Histoire littéraire, artistique et scientifique. —

SEPTIÈME SÉRIE.

TOME LIII.

Règne de Louis XIV. Régence de Mazarin et d'Anne d'Autriche. Olivier Cromwell et Fairfax en Angleterre. Charles, Prisonnier. Entrée de Cromwell à Londres. Soulèvement contre le cardinal Mazarin. Masaniello à Naples. Le prince Louis de Condé. Paix de Westphalie. Exécution de Charles Ier. Olivier Cromwell, protecteur. Le général Lambert. Conférences de Munster. Bataille de Lens. Journée des barricades. Troubles de la Fronde. Siége de Paris par le prince de Condé. Charles X, roi de Suède. Guerre des fils de Schah-Djéhan, empereur du Mogol, contre leur père. Auteng-Zeb. Cromwell s'empare de l'Irlande. Mort de l'empereur Ferdinand III. Léopold Ier, empereur. Mort d'Olivier Cromwell. Richard Cromwell, protecteur. Paix entre la Suède et le Danemarck. Turenne bat le prince de Condé. Aureng-Zeb, empereur du Mogol. Restauration de Charles II Stuart. Lambert battu par Monck. Traité des Pyrénées. Mariage de Louis XIV. Mort de Mazarin. Arrestation de Fouquet. Ministère de Colbert. Mort de Philippe IV, roi d'Espagne. Le jésuite Nitard. Mort d'Anne d'Autriche.

TOME LIV.

Louis XIV règne par lui-même. Alphonse II, roi de Portugal est détrôné par son frère. Mort de Schah-Djéham. Conquêtes d'Aureng-Zeb. Création du conseil d'état. Conquête de la Franche-Comté par Louis XIV. Prise de Candie par les Turcs. Alliance entre l'Angleterre, la Suède et la Hollande. Guerre avec la Hollande. Passage du Rhin. Guillaume III stathouder de Hollande. Massacre de Corneille et Jean de Witt. Ruyter vainqueur au combat de Soutsbaies. Turenne en Allemagne. Paix de Nimègue. Willam Penn en Amérique. Travaux de Colbert. Mort de Colbert. Siége de Vienne par les Turcs. Sobieski les repousse. Prise de Ratisbonne. Ambassade du roi de France. Révocation de l'édit de Nantes. Massacre des protestants dans les Cevennes. Jacques II, roi d'Angleterre. Bataille de Mohatz. Les Turcs sont battus. Guillaume III de Hollande est appelé au trône d'Angleterre. Soulèvement de l'Irlande. Incendie du Palatinat. Bataille navale de la Hogue. Batailles de Marsaglia et de Nerwinden. Prise de Pondichéry par les Hollandais. Mort de Louvois.

TOME LV.

Prise d'Azow, par Pierre-le-Grand. Bombardement de Calais. Charles XII, roi de Suéde. Paix de Riswick. Traité de Carlowitz. Guerre entre Charles XII et Pierre-le-Grand. Testament de Charles II, roi d'Espagne. Le duc d'Anjou appelé à la couronne. Ligue contre la France. Guerre de la succession. Frédéric Ier, roi de Prusse. Découverte du Kamchatka, par les Russes. Anne Stuart, reine d'Angleterre. Mort de Jean Bart. Abolition du Stathoudérat en Hollande. Fondation de St.-Pétersbourg. Bataille de Hochstedt, gagnée par Marlborough et le prince Eugène. Joseph Ier, empereur. Bataille de Turin. Le roi Auguste renonce à la Pologne. Découverte des ruines d'Herculanum. Bataille d'Almanza. Bataille de Pultawa. Charles XII défait par Pierre-le-Grand. Le roi Auguste rentre en Pologne. Bataille de Malplaquet. Conférences de Gertruy-Demberg. Paix entre les Russes et les Turcs. Congrès d'Utrecht. Mort des enfants de Louis XIV. Bataille de Denain, gagnée par Villars. Paix d'Utrecht. Charles XII recommence la guerre. Georges Ier, roi d'Angleterre. Débarquement de Jacques Stuart en Écosse. Combat de Dumblain entre le comte de Marr et le duc d'Argile. Mort de Louis XIV ; coup d'œil rétrospectif sur son règne. Le Père Lachaise. Mmes de La Valière, De Montespan, De Fontanges, De Maintenon, Ninon de l'Enclos.

TOME LVI.

Histoire scientifique, littéraire et artistique. —

HUITIÈME SÉRIE.

TOME LVII.

Règne de Louis XV. Banque de Law. Albéroni et Madame des Ursins en Espagne. Bataille de Peterwaradin. Bulle Unigenitus. Conjuration de Cellamare. Quadruple alliance. Paix de Passarowitz. Le duc d'Orléans, régent. Charles XII est tué au siége de Frédirikstall. Pierre-le-Grand en France. Mort de Mme de Maintenon. Guerre entre l'Espagne et la France. Berwick en Catalogne. Disgrâce du cardinal Albéroni. Law, contrôleur général. Peste de Marseille. Congrès de Cambray. Mort du cardinal Dubois et du duc d'Orléans.

Ministère du cardinal de Fleury. Abdication de Philippe V d'Espagne. Traité d'Hanovre. Mort de Pierre-le-Grand. Règne de Catherine Ire. Menchikoff. Georges II, roi d'Angleterre. Ministère de Robert Walpoole. Pierre II, empereur. Thamasp Kouli Khân, sophi de Perse. Révolte des Corses contre les Génois. Anne, impératrice de Russie. Déposition du sultan Achmet III. Prise de Parme, par Charles VI, empereur. Conquêtes de Thamasp Kouli Khân. Guerre de la succession de Pologne.

TOME LVIII.

Louis XV, gendre de Stanislas Leckzinski, déclare la guerre à l'empire. Guerres d'Italie. Le roi d'Espagne envahit Naples. Mort de Berwick et de Villars. Paix de Vienne. Abdication de Stanislas. Théodore de Neuhoff, roi de Corse. Guerre entre l'Espagne et l'Angleterre. Mort du pape Clément XII. Benoit XIV, pape. Frédéric II, roi de Prusse. Marie-Thérèse, archiduchesse d'Autriche. Guerre de la succession d'Autriche. Découvertes de l'amiral Anson. Marie-Thérèse, reine de Hongrie. Paix d'Als, entre la Suède et la Russie. Mort du cardinal André de Fleury. Louis XV gouverne par lui-même. Bataille de Dettingen. Les Français chassés de la Bohême. Mort de l'empereur Charles VII. Marie-Thérèse et François Ier, son mari, empereur. Bataille de Fontenoy. Bataille de Friedberg. Le prince Édouard est conduit en Écosse par l'amiral de Barailh, grand-oncle de l'auteur. Batailles de Felkirk et de Culloden. Défaite du prince Édouard. Mort du roi Philippe V d'Espagne. Batailles de Rocoux et de Lawfeld, gagnées par le maréchal de Saxe. Prise de Bergop-Zoom, par Lovendal. Paix générale d'Aix-la-Chapelle. Guerre dans le Bengale. Exil du parlement. Tremblement de terre à Lisbonne.

TOME LIX.

Prise de Dresde, par le roi de Prusse. Le comte de Lally envoyé dans l'Inde. Guillaume Pitt, comte de Chatam, ministre. Attentat de Robert Damiens. Bataille de Rosbach. Prise de Calcutta par les Anglais. Attentat de Malagrida, sur Joseph II, roi de Portugal. Mort de Ferdinand VI, roi d'Espagne. Bombardement du Hâvre, par l'amiral Rodney. Publication de l'Encyclopédie. Georges III, roi d'Angleterre. Mort du maréchal de Belle Isle. Clément XIII, pape,

Le duc de Choiseuil, ministre. Mort d'Élizabeth, impératrice de Russie. Paix de Hambourg. Assassinat de Pierre III de Russie. Catherine II, impératrice. Prise de la Martinique, par les Anglais. Paix de Paris et de Londres. Stanislas Poniatowki, dernier roi de Pologne. Joseph II, empereur. Exécution du chevalier de Labarre. Le comtat d'Avignon est réuni à la France. Clément XII, souverain pontife. Hyder-Ali, sultan de Mysôre. Voyage du capitaine Cook. Le duc d'Aiguillon, ministre des affaires étrangères. Affaire de la Chalotais. Révolution de Suède. Suppression du Sénat. Premier partage de la Pologne. Révolte du cosaque Pugatschev. Suppression de l'ordre des Jésuites. Mort de Louis XV. Coup-d'œil rétrospectif. Mmes de Châteauroux, de Pompadour, Dubary, etc.

TOME LX.

Histoire scientifique, littéraire et artistique. —

NEUVIÈME SÉRIE.

TOME LXI.

Règne de Louis XVI. Paix entre la Russie et la Turquie. Mort de Clément XIV. Pontificat de Pie VI. Indépendance de l'Amérique. Franklin, Jefferson, Adams. Washington, premier président des États-Unis. Mort de Joseph Ier, roi du Portugal. Traité avec les États-Unis. Guerre entre la France et l'Angleterre. Belle défense de Pondichéry, par le général de Bellecombe. Convention d'Aranjuës. Siége de Gibraltar, par les Espagnols. Mort de l'impératrice Marie-Thérèse. Necker et le Compte-rendu. Capitulation des Anglais à Yorck-Town. Mort d'Hyder-Ali. Tippoo Saïb, sultan de Mysôre. Calonne, contrôleur général des finances. Le bailli de Suffren dans les Indes. Affaire du collier. Première assemblée des notables. Exil de Necker. Convocation des États généraux. Commencement de la Révolution française. Ouverture des États généraux. Séance du Jeu-de-Paume. Prise de la Bastille. Lafayette. Fuite des Princes. Abolition des priviléges. Division de la France en départements. Guerre des Turcs et des Russes. Prise d'Ismaïloff, par Souwarow. Guerre de

Tippoo Saïb. Fédération. Ligue contre la France. Fuite de Varennes. Troubles de Vendée. Révolution de Pologne. Assassinat de Gustave III, roi de Suède. Journée du 20 juin. Le 10 août. Louis XVI au Temple.

TOME LXII.

Histoire scientifique et littéraire. —

DIXIÈME SÉRIE.

TOME LXIII.

Entrée des Prussiens en France. Les Autrichiens, les Hessois menacent la Champagne. Massacres du 2 septembre. Prise de Verdun, par le roi de Prusse. Massacres des prisonniers d'Orléans. Bataille de Valmy. Proclamation de la République. Prise de la Savoie. Custines s'empare du palatinat, de Mayence. Bataille de Jemmapes, gagnée par Dumourier. Fondation de la ville de Washington. Factions de la montagne et de la plaine dans la convention nationale. Invention de la guillotine. Procès de Louis XVI ; son exécution. Établissement du tribunal révolutionnaire. Comité du salut public. Assassinat de Marat. Mort de Charlotte Corday. Siége de Lyon. Toulon livré aux Anglais. Prise de Lyon. Exécution de Marie-Antoinette. Mort du duc d'Orléans. Prise de Toulon, par Dugommier. Madame Élizabeth est exécutée. Bataille de Fleurus. Mort de Danton. Fin du régime de la terreur. Guerre dans les colonies. Exécution de Robespierre. Insurrection dans Varsovie. Kosciüsko fait soulever la Pologne. Bataille de Masovie. Kosciüsko, prisonnier. Fin du royaume de Pologne. Histoire complète de la convention nationale. Fox et Pitt dans le parlement anglais. Révolution de Hollande. Pacification de la Vendée. Charrette et les Vendéens se soumettent. Stofflet et les chouans se défendent. Traité entre la France et la Prusse. Traité entre la France et la Hollande. Mort de Louis XVII. Défaite des émigrés français à Quiberon. Mort du jeune Sombreuil. Journée du 13 vendémiaire an IV.

LXIV.

Fin de la convention. Directoire exécutif. Le général Bonaparte commande l'armée d'Italie. Bataille de Montenotte. Paix de Pavie. Cession de la Savoie à la France. Bataille de Castiglione. Moreau commande l'armée du Rhin et de la Moselle. Bataille d'Arcole. Insurrection de l'Irlande. Paix de Valentino, entre le pape et la France. Batailles de Zurich et de Rivoli. Défense de Gênes par André Masséna. Révolution de Venise et Gênes. Traité de Campoformio. Frédéric Guillaume III, roi de Prusse. Révolution à Rome. République helvétique. Expédition d'Égypte. Prise de Malte. Prise d'Alexandrie. Bataille des Pyramides. Assassinat des plénipotentiaires français à Radstadt. Coalition contre la France. Retour de Bonaparte. Combat du vaisseau *Les Droits de l'Homme*, commandé par l'amiral Lacrosse. Suppression du directoire. Journée du 18 brumaire. Bonaparte, premier consul. Pontificat de Pie VII. Bataille de Marengo. Traité des Neutres. Mort de Kléber. Assassinat de Paul Ier, empereur de Russie; Alexandre Ier lui succède. Concordat. Les Anglais en Égypte. Capitulation d'Alexandrie. Traité d'Amiens. Expédition de Saint-Domingue. Guerre avec l'Angleterre. Fuite des Wahabites en Arabie. Conspiration de Cadoudal. Toussaint-Louverture. Exécution du duc d'Enghien. Publication du Code civil.

TOME LXV.

Napoléon empereur. Condamnation de Georges Cadoudal. Mort de Pichegru. Le pape Pie VII, à Paris. François II, empereur d'Allemagne. Prise de la Mecque, par les Wahabites. Feth-Ali-Schah règne en Perse. Révolte des Serviens. Napoléon, roi d'Italie. 3e coalition contre la France. Prise d'Ulm. Combat naval de Trafalgar. Mort de l'amiral Villeneuve. Bataille d'Austerlitz. Paix de Presbourg. Mort de Pitt. Conquête de Naples Joseph Bonaparte, roi de Naples et de Sicile. Guillaume VII, prince d'Orange. Louis Bonaparte, roi de Hollande. 4e coalition contre la France. Batailles d'Iéna et d'Aüerstaëdt. Entrée à Berlin. Prise de Varsovie. Bataille d'Eylau. République de Buénosayres. Déposition de Sélim III. Bataille de Friedland. Entrevue sur le Niémen. Paix de Tilsitt. Jérôme Bonaparte, roi de Westphalie. Christophe emper^r d'Haïti. Capitulation de Copenhague. Insurrection de Lisbonne. Arrestation de Ferdinand prince des Asturies. Traité de Fontainebleau. Les Français en Espagne et en Portugal. Soulèvement contre Charles IV. Entrée des Français à Madrid. Joseph Bonaparte, roi d'Espagne. Joachim Murat, roi des Deux-Siciles. Mahmoud II, sultan des Turcs. Les Français évacuent le Portugal. Entrevue d'Erfurth Combat de la Corogne. Prise de Sarragosse. Éliza Bonaparte, grande-duchesse de Toscane. Les carbonari à Naples. Déposition de Gustave-Adolphe IV. Bataille d'Eckmühl Prise de Ratisbonne. Les Français à Vienne. Bataille d'Esling. Mort de Lannes. Bataille de Wagram. Napoléon, excommunié. Arrestation de Pie VII à Rome. Bataille de Valence. Paix entre la France et l'Autriche. Divorce de Napoléon et de Joséphine. Napoléon épouse Marie-Louise d'Autriche.

TOME LXVI.

Le Pape à Paris. Révolution de l'Amérique méridionale. République du Chili. Insurrection du Mexique. Le curé Hidalgo. Abdication de Louis Bonaparte. Réunion de la Hollande à la France. Adoption de Bernadote par la Suède. Le prince de Galles régent d'Angleterre. Méhémet Ali fait massacrer les mamloucks. Naissance du duc de Reichstadt. République de Vénésuélas. Prise de Tarragonne. Guerre des États-Unis et de l'Angleterre. Guerre avec les puissances alliées. Combat de Mohilow. Bataille de Smolensk. Bataille de la Moskova. Entrée à Moscou. Prise de Madrid, par les Anglais. Incendie de Moscou. Conspiration de Malet et Lahorie. Reprise de Madrid. Retraite de Russie. Combat de la Bérésina. Napoléon arrive à Paris. Bataille de Lutzen. Ouverture du congrès de Prague. Bolivar à Caracas. Bataille de Dresde. Bataille de Leipsick. Mort de Joseph Poniatowski. L'armée alliée en France. Bataille de Champ-Aubert. Bataille de Montereau. Bataille de Paris. Bataille de Toulouse. Déchéance de Napoléon. Louis XVIII rentre en France. Congrès de Vienne. Napoléon revient de l'île d'Elbe. Départ de Louis XVIII. Les cent jours. Révolution de Naples. Insurrection de la Vendée. Mort de Berthier. Bataille de Fleurus. Bataille de Ligny. Bataille de Waterloo. Napoléon abdique. Napoléon II proclamé. Siége de Paris, par Wellington et Blücher. Entrée de Louis XVIII à Paris. Départ de Napoléon pour Sainte-Hélène.

LXVII.

Histoire scientifique, littéraire et artistique. —

ONZIÈME SÉRIE.

TOME LXVIII.

Louis XVIII. Mort de Labédoyère. Napoléon à Sainte-Hélène. Traité de la Sainte-Alliance. Exécution de Murat. Mathurin Bruneau. Condamnation de Lavalette. Wellington. Exécution du maréchal Ney. Évasion de Lavalette. Procès des trois anglais. Conspiration des patriotes de 1816. Mariage du duc de Berry. Émeute de Grenoble. Conspiration contre le prince de Galles. Bataille de Chacabuco dans le Chili. Révolution du Brésil. Bernadotte, roi de Suède. Mort de la reine Marie-Louise d'Espagne. Mort du roi Charles IV. Assassinat de Kotzebue. Persécution des chrétiens en Chine. République de Colombia. Mort du roi d'Angleterre George III. George IV, roi d'Angleterre. Assassinat du duc de Berry, par Louvel. Exécution de Sand, meurtrier de Kotzebue. Procès de la reine Caroline d'Angleterre. Siége de Janina. Ali-Pacha se révolte contre la Porte. Naissance du duc de Bordeaux. Révolution de Saint-Domingue. Mort de Napoléon. Entrée des Autrichiens à Naples. Révolution de Grèce. Proclamation d'Alexandre Ypsilanti. Mort de la reine Caroline. Conspiration du général Berton. Reddition et mort d'Ali-Pacha. Lord Byron en Grèce. Don Pédro, empereur du Brésil. Augustin Iturbide, empereur du Mexique. Ministère Canning. Révolution du Mexique. L'armée française en Espagne. Le duc d'Angoulême à Madrid. Troubles de Portugal. Mort de Marco-Bozzaris. Mort de Pie VII. Pontificat de Léon XII. Prise de Cadix. Mort du prince Eugène de Beauharnais. Mort de lord Byron. Mort de l'empereur Iturbide. Mort de Louis XVIII.

TOME LXIX.

Règne de Charles X. Mort de Ferdinand Ier, roi de Naples. Sacre de Charles X. Mort de Pauline Bonaparte. Suite de la révolution hellénique.

Colocotroni. Miaulis. Maurocordato. Capo d'Istria. Mort de Maximilien-Joseph, roi de Bavière. Mort d'Alexandre. Nicolas Ier, empereur de Russie. Attentat de Maubreuil contre Talleyrand. Mort du duc de Larochefoucaud-Liancourt. Mort de Canning. Mort de Manuel. Bataille de Navarrin. Ministère Villèle. Ministère Martignac. Wellington, premier ministre en Angleterre. Don Miguel proclamé roi à Lisbonne. Guerre de la Russie et de la Turquie. Passage du Danube par l'armée russe. Prise d'Anapa. Expédition de Morée. Prise de Navarrin, Modon, Coron et Patras. Victoire des Russes près de Khaltzick. Affaire du dey d'Alger. Mort du pape Léon XII. Les Russes s'emparent de Streboli. Le général André Jackson, président des États-Unis. Pontificat de Pie VIII. Victoire de Kulutscha, remportée par Diébitch sur Reschid-Pacha. Bataille de Kaïnly, gagnée par les Russes. Prise d'Erzeroum. Passage du Balkan. Ministère Polignac. Traité d'Andrinople entre les Russes et les Turcs. Léopold de Saxe-Cobourg est nommé roi de Grèce. Dissolution de la chambre des députés. Expédition d'Alger. Le maréchal Bourmont dirige l'expédition. Combat de Staouëli. Mort de George IV, roi d'Angleterre. Prise d'Alger. Ordonnances du 25 juillet. Journées de juillet. Fuite de Charles X.

TOME LXX.

Histoire scientifique, littéraire et artistique. —

DOUZIÈME SÉRIE.

TOME LXXI.

Règne de Louis-Philippe Ier. Révolution de Pologne. Lisbonne bombardée. Othon, roi de Grèce. Procès des ministres. Soulèvement de la Belgique. Mort du duc de Reichstadt. Prise d'Anvers. Le choléra à Paris. Mort de Casimir Périer. Insurrection de juin. Mort de Ferdinand VII. Troubles de Lyon. Don Pédro victorieux de don Miguel. Prise de Santarem. Mort du général Lafayette. Don Carlos en Espagne. Dona Maria, reine de Portugal. Mort de don Pédro Ier, empereur du Brésil. Mort de l'empereur François d'Autriche.

Affaire d'Anil, Mort de Zumala Carréguy. Abdel-Kader en Afrique. Attentat de Fieschi. Mort du maréchal Mortier. Troubles de Barcelonne. Prise de Tlemcen en Afrique. Exécution de Fieschi. Randjet-Sing, roi de Lahore et le général Allard. Attentat d'Alibaud. Mort d'Armand Carrel. Arrivée de l'obélisque de Louqsôr à Paris. Louis-Napoléon Bonaparte à Strasbourg. Mort de Charles X. Mariage du duc d'Orléans et d'Hélène de Mecklembourg. Traité de la Tafna. Mort de Guillaume IV, roi d'Angleterre. Victoire-Alexandrine, reine d'Angleterre. Expédition et prise de Constantine. Mort de la reine Hortense. Régence d'Espartero. Mort de la duchesse Marie de Wurtemberg. Mort de Talleyrand. Évacuation d'Ancône. Prise de Saint-Jean d'Ulloa. Bataille de Néjid. Ibrahim-Pacha. Mort du sultan Mahmoud. Condamnation de Barbès et de Martin-Bernard. Don Carlos se réfugie en France. Arrestation d'Auguste Blanqui. Mort de Frédéric VI, roi de Danemarck. Mort de Lucien Bonaparte.

TOME LXXII.

Défense de Mazagran. Soulèvement du Liban. Louis-Napoléon Bonaparte à Boulogne. Bombardement de Beyrouth. Fortifications de Paris. Affaire Lafarge. Translation des cendres de l'empereur Napoléon. Béchir émir du Liban, se sépare de Méhémet-Ali. Prise de St.-Jean-d'Acre. Abandon de la Syrie par Méhémet-Ali. Prise de Canton par les Anglais. M. Augustin Arguelles, tuteur de la reine Isabelle. Troubles au sujet du recensement. Mort du général Léon en Espagne. Affaire de Quénisset. Guerre dans l'Afghanistan. Dost Mohammed et Akbar-Khan. Mort du duc d'Orléans. Insurrection de Barcelonne. Prise de possession des îles Marquises. Tremblement de terre à la Guadeloupe. Révolution de St.-Domingue. Fuite de Boyer. Ministère de Narvaez en Espagne. Fuite d'Espartero. La reine d'Angleterre en France. Mort du roi Guillaume de Hollande. La reine Pomaré. Retour de Christine en Espagne. Affaire Pritchard. Mort de Bernadotte. Mort de Jacques Laffite. Condamnation d'O'Connell en Irlande. Guerre avec l'empereur du Maroc. Mort du duc d'Angoulême. Mort du roi Joseph Bonaparte. Bataille d'Isly. Bombardement de Mogador. Insurrection de Zurbano. Déposition de Santa-Anna, président du Mexique. Guerre dans l'Indoustan.

Occupation de Cracovie par les Russes. Louis Bonaparte s'évade du château de Ham. Mort du pape Grégoire XVI. Pontificat de Pie IX. Mort du roi Louis Bonaparte. Inondation de la Loire. Troubles à Munich. Mort d'O'Connell. Affaire des ministres Teste et Cubières. Affaire Praslin. Fermentation de l'Italie. Mort du ministre grec Coletti. Réformes du pape. Guerre du Sonderbund. Prise de Lucerne. Fête nationale de Gênes. Rome et Pie IX. Évènements de Naples. Soumission d'Abdel-Kader. Bombardement de Messine. Révolution du 24 février. Fuite et abdication de Louis-Philippe.

TOME LXXIII.

République française. Gouvernement des 12. Situation de la France. MM. Ledru-Rollin, Lamartine, Louis-Blanc, A. Marrast, etc. Convocation des assemblées électorales. Abdication du roi Louis de Bavière. Insurrection de la Lombardie. Radetzki chassé de Milan. La Savoie marche au secours de la Lombardie. Insurrection de la Hongrie. Ouverture de l'assemblée constituante. Commission des 5. MM. Arago, Garnier-Pagés, Marie, Lamartine, Ledru-Rollin. Journée du 15 mai. Abdication de Méhémet-Ali, roi d'Égypte. Journées de Juin. Le général Cavaignac chef du pouvoir exécutif. Mort de Négrier et Duvivier. Défaite du roi Charles-Albert. Les Autrichiens chassés de Bologne. Affaire de Risquons-tout. Louis-Napoléon Bonaparte est élu représentant du peuple. Mort d'Ibrahim-Pacha, vice-roi d'Égypte. Fuite de l'Empereur d'Autriche. Guerre en Hongrie. Impôt des 45 centimes. Assassinat du comte Rossi. Fuite de Pie IX. Manifeste de Louis-Napoléon. Abdication de l'empereur d'Autriche. Louis Bonaparte président de la République française. Ministère O. Barrot. Kossuth en Hongrie. Proposition Rateau. Nouvelle insurrection de l'Italie. Procès de Bourges. Défaite de Charles-Albert. Convocation de l'Assemblée législative. Le pape à Gaëte. Expédition d'Italie. Ouverture de l'assemblée législative. Affaire du 8 juin. Prise de Civita-Vecchia. Prise de Rome. Procès de Versailles. Changement du ministère Barrot. Suite des évènements jusques et y compris l'année 1850.

TOMES LXXIV ET LXXV.

Histoire littéraire, scientifique et artistique.

PRINCIPAUX TABLEAUX

Hiérarchiques, Généalogiques et Biographiques

DE LA CHRONOLOGIE UNIVERSELLE.

Première Section — Europe.

1. FRANCE.

Première division. — Partie politique. — 1. Rois des Celtes et Cimbres. Rois des Sicambres Francs. Rois de France, d'Austrasie, de Bourgogne, de Bretagne, d'Aquitaine, de Toulouse, etc. Reines, Princes et Princesses. Directeurs, Consuls, Présidents de République, etc.

2. Grands-Officiers de la couronne. Grands-Maîtres, Écuyers, Chambellans, Pannetiers, Échansons, Veneurs, Louvetiers, Queux, Chambriers, Fauconniers, Maîtres de la Bibliothèque, etc., Maîtres de la maison du Roi.

3. Ducs et Pairs de France depuis leur origine jusqu'à nos jours. Pairs, Ecclésiastiques, etc.

4. Comtes et Grands-Seigneurs de France.

5. Chevaliers de l'Ordre du Saint-Esprit.

6. Grands-Croix de Saint-Louis.

7. Grands-Maîtres de Saint-Lazare, etc. Chanceliers et Grands-Croix de la Légion d'Honneur.

Deuxième division. — Partie administrative. — 1. Premiers ministres,

Ministres secrétaires d'État. Ministres de l'intérieur, Affaires étrangères, Finances, Commerce, Travaux publics, Police, etc.
  2. Ambassadeurs et Ministres plénipotentiaires près les puissances étrangères.
  3. Représentants du peuple, Députés, etc. Présidents des Assemblées nationales, Secrétaires, etc.
  4. Sénateurs, Tribuns, etc.
  5. Préfets, Secrétaires-Généraux des ministères, Directeurs généraux, etc.
  6. Conseillers d'État.
  7. Prévôts de Paris, Prévôts des marchands, Maires de Paris.

Troisième division — *Partie Législative.* — Chanceliers, Gardes des Sceaux, Ministres de la Justice.
  2. Premiers Présidents des Parlements de France, de la Cour de Cassation, des Cours d'Appel, etc.
  3. Présidents à Mortier du Parlement de Paris, Présidents de Chambre à la Cour de Cassation.
  4. Premiers Présidents de la Cour des Comptes, de la Cour des Aides, etc.
  5. Procureurs généraux du Parlement, Avocats généraux, etc.
  6. Lieutenants généraux de Police, Lieutenants civils du Châtelet, etc.
  7. Avocats et Magistrats célèbres.

Quatrième division. — *Partie militaire.* — 1. Ministres de la Guerre.
  2. Connétables de France, Maréchaux-généraux, etc.
  3. Maréchaux de France.
  4. Lieutenants généraux, Gouverneurs des provinces.
  5. Généraux en chefs, Colonels généraux, etc.
  6. Grands-Maîtres de l'Artillerie, des Arbalétriers, etc.
  7. Guerriers célèbres.

Cinquième division. — *Partie maritime.* — 1. Ministres de la Marine.
  2. Amiraux et Généraux des Galères.
  3. Vice-amiraux, Chefs d'Escadres, Contre-amiraux.
  4. Gouverneurs des Colonies la Guadeloupe, Saint-Domingue, Martinique. Iles Bourbon, etc.
  5. Marins célèbres.

Sixième division. — Partie religieuse. — 1. Ministres des cultes.
2. Cardinaux français, Grands-aumôniers de France.
3. Archevêques et Évêques de France.
4. Saints et Saintes de France.
5. Abbés de Saint-Denis, de Saint-Germain, de Citeaux, etc.
6. Prêtres et Ecclésiastiques célèbres.

Septième division. — Partie scientifique, littéraire, etc. — Ministres de l'Instruction publique.
2. Membres de l'Académie des Sciences.
3. Membres de l'Académie de médecine et chirurgie.
4. Savants célèbres, Professeurs au Collége de France, etc. Géographes du Roi, etc. Historiographes de France.
5. Membres de l'Académie française, des Académies des Inscriptions et des Sciences morales et politiques.
6. Littérateurs célèbres, Professeurs, etc.
7. Membres de l'Académie des Beaux-Arts (ci-devant ancienne Académie de peinture et sculpture.)
8. Peintres, Sculpteurs, Musiciens et Artistes célèbres.
9. Membres de l'Institut d'Égypte.

2. PAYS-BAS.

1. Rois de Frise, de Hollande et Belgique. Stathouders, etc.
2. Comtes de Hollande, de Hainaut. Ducs de Brabant, etc.
3. Gouverneurs et Vice-Rois des Pays-Bas. Grands pensionnaires, etc.
4. Comtes et Grands-Seigneurs. Grands forestiers de Flandre. Ducs de Luxembourg, Limbourg, Bouillon, Gueldres, Berg, Cléves, Juliers. Princes d'Orange, de Nassau, de Louvain, de Namur, de Faulquemont, etc.
5. Archevêques de Malines, d'Utrecht. Évêques de Liége, etc.
6. Littérateurs, Savants et Artistes célèbres.

3. ESPAGNE.

1. Rois des Celtibères, des Suèves, des Wisigoths, de Léon de Castille,

d'Aragon, de Navarre, d'Espagne, de Valence, de Murcie, de Grenade, de Séville, de Tolède, etc. Khâlifes et Rois de Cordoue, Reines, Princes et Princesses.

2. Grands d'Espagne, Ducs de Médina-Sidonia, de Médina-Céli, d'Albuquerque, de Lerme, de Béjar, d'Albe. Marquis d'Aguilar, d'Abrantez, de Villafranca, etc. Comtes de Barcelonne, d'Urgel, de Bésalu, etc.

3. Chevaliers de l'Ordre de la Toison-d'Or ou de Saint-André de Bourgogne.

4. Ministres d'État. Gouverneurs des Maures en Espagne.

5. Amiraux et Connétables de Castille.

6. Archevêques de Compostelle, de Valence, de Sarragosse, de Tarragone, de Séville, de Burgos, de Grenade, de Tolède, etc.

7. Rois de Mayorque, Vice-Rois des Indes.

8. Littérateurs, Savants et Artistes.

4. PORTUGAL.

1. Rois, Reines, Princes et Princesses.
2. Ministres.
3. Connétables de Portugal.
4. Vice-Rois du Pérou, etc.
5. Archevêques de Brague, de Lisbonne, d'Évora, etc.
6. Hommes célèbres.

5. ITALIE.

ITALIE ANCIENNE.

1. Rois des Latins Aborigènes, d'Albe de Rome. Dictateurs. Consuls. Généraux de la cavalerie. Tribuns militaires. Empereurs. Impératrices, Reines, Princes et Princesses. Rois d'Étrurie, des Volsques, des Rutules, etc.

2. Ministres et Préfets du prétoire.

3. Proconsuls et Gouverneurs des provinces.

4. Hommes célèbres.

ITALIE MODERNE.

1. Rois ostrogoths, lombards, gépides, hérules. Rois d'Italie. Exarques de Ravenne. Comtes de Savoie. Rois de Sardaigne. Princes de Piombino. Juges de Corse. Marquis de Saluces. Princes et ducs de Monaco, de Vérone, de Milan, de Mantoue, de Parme, de Plaisance, de Guastalla, de Ferrare, de Cologne, de Montferrat, de Pise, de la Mirandole, d'Urbin de Modène, de Toscane, de Lucques, de Frioul, de Spolète, etc. Doges de Venise, de Gênes, etc.

2. Chevaliers de l'ordre de l'Annonciade.

3. Hommes célèbres.

ITALIE RELIGIEUSE.

1. Papes et anti-papes.

2. Cardinaux italiens et étrangers depuis leur origine. Saints et saintes de tous les pays.

3. Archevêques et patriarches d'Italie.

4. Ministres d'état. Généraux d'ordre des Jésuites, des dominicains, des Chartreux, etc.

5. Grands-Maîtres des ordres de Rhodes, du Temple, Teutonique, du Christ, etc.

6. SICILE.

1. Rois d'Apulie. Ducs et rois de Naples, de Sicile, de Capoue, de Bénévent, de Salerne. Rois de Tarente, de Sybaris, de Syracuse, de Géla, d'Agrigente, de Reggio, de Catane, etc. Catapans de Sicile, etc.

2. Connétables de Naples, Vice-Rois, etc.

3. Archevêques de Naples, de Bénévent, de Capoue, de Palerme, de Messine, etc.

4. Hommes célèbres.

7. SUISSE.

1. Rois d'Helvétie. Comtes de Hapsbourg, de Zaéringhen, de Genève, de Bade, de Neufchâtel, etc. Présidents du directoire fédéral.

2. Évêques de Genève.
3. Hommes célèbres.

8. ALLEMAGNE.

1. Rois des Hérules, des Marcomans, d'Illyrie, des Dalmates. Empereurs. Ducs et Rois de Bavière, de Saxe, de Wurtemberg, d'Anhalt, de Bade, de Franconie, de Souabe, etc. Comtes du Tyrol, d'Andech et de Méranies. Marquis de Brandebourg. Rois de Prusse. Ducs de Brunswick, Mecklembourg, Hohenlohe, Hesse, Holstein, Hanovre, Poméranie. Rois de Hongrie et de Bohême. Princes de Transylvanie. Ducs de Silésie, etc.
2. Électeurs archevêques de Cologne, Mayence. Trèves. Archevêques de Salzbourg, de Vienne, de Goritz, de Magdebourg, de Prague, etc.
3. Ministres et Felds-Maréchaux. Landvhert d'Alsace, etc.
4. Hommes célèbres.

9. POLOGNE.

1. Rois de Pologne. Ducs de Lithuanie, Gourlande, etc.
2. Archevêques de Gnesne et de Léopold.
3. Grands-Chanceliers. Ministres, etc.
4. Hommes célèbres.

10. ANGLETERRE.

1. Rois d'Albion, d'Irlande, d'Écosse, des Pictes, des Casses. Rois de l'Heptarchie, d'Angleterre. Reines, Princes, etc.
2. Ministres, Connétables, Amiraux d'Angleterre.
3 Chevaliers de l'Ordre de la Jarretière.
4. Comtes et Grands-Seigneurs, Ducs et Pairs. Comtes de Douglas, de Murray. Ducs de Buckhinghan, d'Albemarles, de Pembrock, de Northumberland, de Westmoreland, etc.
5. Archevêques de Cantorbéry, d'York, de Saint-André, de Glascow, de Dublin, d'Armagh, etc. Évêques de Londres et d'Édimbourg, etc.
6. Lords-Maires de Londres.
7. Hommes célèbres, etc.

11. DANEMARCK ET SCANDINAVIE.

1. Rois de Danemarck, Suéde et Norwège. Ducs de Pomérélie. Rois de Gothland.
2. Archevêques de Drontheim, d'Upsal, Copenhague.
3. Hommes célèbres.

12. RUSSIE.

1. Rois des Agathyrses. Czars de Kiew, de Novgorod, de Vladimir, de Moscou, de Péréaslavie, de Russie.
2. Ministres, Felds Maréchaux, Hetmans des Cosaques, etc.
3. Chevaliers de l'Ordre de Saint-André de Russie.
4. Archevêques et Patriarches de Moscow, de Pétersbourg, de Riga.
5. Hommes célèbres.

13. TURQUIE.

1. Sultans, Grands-Visirs, etc.
2. Pachas d'Égypte, etc. Hospodars de Valachie et Moldavie.
3. Hommes célèbres.

14. BAS-EMPIRE.

1. Rois du Bosphore, des Thraces, de Moesie, Macédoine, Pannonie, Acarnanie, Épire, Larisse, Thessalie, Dolopes, Albanie, etc. Empereurs de Constantinople. Rois de Trébisonde, etc. Khâns de Krimée. Rois des Bulgares.
2. Patriarches de Constantinople. Archevêques grecs d'Andrinople, de Larisse, de Raguse, etc.
3. Hommes célèbres.

15. GRÈCE.

GRÈCE ANCIENNE.

1. Rois, Tyrans et Archontes d'Athènes. Rois d'Arcadie, Tégée, Lacé-

démone, Pylos, Messénie, Élide, Corinthe, Étolie, Mycènes, Argos, Sicyone, Achaïe, Andréide et Orchomènès, Platée, Thèbes, Mégare, Corcyre, Crête, Itaque, Salamine, Andros, Délos, etc.
2. Hommes célèbres, Polémarques, Béotarques, etc.

GRÈCE MODERNE.

1. Présidents de la République et Rois de Grèce.
2. Ministres.
3. Archevêques d'Athènes, de Corinthe, de Patras, de Corfou, de Naxos, etc.

Deuxième Division. — ASIE.

1. ASIE ANCIENNE.

1. Rois d'Asie, de Bithynie, d'Éphèse, de Galatie, de Pont, de Cappadoce, Comane, Comagène, Arménie, Cilicie, Chypre, Syrie, Émèse, Palmyre, Phénicie, Tyr. Patriarches hébreux. Juges et Rois juifs. Souverains pontifes. Rois des philistins, Iduméens, etc. Rois d'Édesse, Héraclée, Ninive et Assyrie. Chaldée et Babylonne, Ibérie, Lesbos, Lemnos, Samos, Troye, Phrygie, Pergame, Lydie, Lycie, Carie, Scythie, etc.
2. Hommes et personnages célèbres. Généraux et gouverneurs d'Alexandrie, Satrapes, etc. Écrivains et artistes, etc.

2. ASIE MODERNE.

1. Rois du Turquestan, d'Arménie. Sultans d'Alep. Princes d'Antioche, de Trébizonde, de Tripoli, d'Édesse. Rois de Jérusalem et de Chypre. Grands-Maîtres de l'ordre de St.-Jean de Jérusalem et du Temple en Asie. Princes de Tibériade. Sultans de Mossoul. Khalifes de Bagdad, etc. Rois de Géorgie.
2. Patriarches de Jérusalem, d'Antioche. Archevêques de Césarée, d'Alep, de Damas, d'Apamée, d'Arménie. Évêques de Bethléem, Séleucie, Laodicée, Émèse, Samosate.

3. ARABIE.

1. Rois Himyarites d'Yémen, de Ghassan, d'Héjaz, de Hira. Khalifes d'Orient.
2. Gouverneurs et guerriers célèbres.
3. Hommes célèbres.

4. PERSE ET TARTARIE INDÉPENDANTE.

1. Rois de Perse anciens et modernes, de Médie, d'Albanie, des Parthes, de Bactriane, de Susiane. Sultans de Caboul, de Gazna, de Candahar, de Carisme. Khans des Afghans, des Tartares mogols. Rois des Huns. Chefs Wahabites, etc. Rois des Turcs Seldjoucides.
2. Satrapes et Ministres. Gouverneurs, etc.
3. Hommes célèbres.

5. INDE.

1. Rois de l'Inde et du Thibet, de Lahore, Delhi, Agra, Siam. Empereurs Mogols. Sultans de Mysore.
2. Vice-Rois des Indes. Gouverneurs de Pondichéry, etc.
3. Archevêques de Goa. Évêques de Cochinchine.
4. Hommes célèbres, etc.

6. CHINE ET JAPON.

1. Empereurs chinois et japonais. Rois de Cubos, de Daïros.
2. Ministres et hommes célèbres, etc.

Troisième Division. — AFRIQUE.

1. ÉGYPTE.

1. Rois d'Égypte. Sultans du Caire et Khalifes Fatimites. Gouverneurs et Vice-Rois d'Égypte.
2. Patriarches d'Alexandrie.
3. Hommes célèbres, etc.

2. ABYSSINIE.

1. Rois d'Abyssinie ou d'Éthiopie de Téjoulet, etc.

3. ÉTATS BARBARESQUES.

1. Gouverneurs d'Afrique pour les Maures. Rois de Lybie, Mauritanie, Cyrène, Numidie. Suffètes de Carthage. Deys d'Alger, de Tunis, de Tripoli. Empereurs de Fez et de Maroc. Rois des Vandales. Gouverneurs d'Alger.
2. Évêques de Carthage, d'Hippone, de Constantine, d'Alger, de Sétif, etc.
3. Gouverneurs du Sénégal, etc.
4. Hommes célèbres, etc.

Quatrième Division. — AMÉRIQUE et OCÉANIE.

1. Rois du Pérou. Empereurs du Mexique. Gouverneurs et Vice-Rois. Présidents des États-Unis et des autres Républiques américaines. Rois d'Haïti ou St.-Domingue. Empereurs du Brésil.
2. Évêques de Québec, etc.
3. Hommes célèbres, etc.

FIN DU PLAN DE L'HISTOIRE UNIVERSELLE.

P. S. — La nomenclature des 25 volumes de la *Chronologie* résumant toutes les dates de l'histoire; j'ai cru pouvoir me dispenser de charger de dates la nomenclature des 75 autres volumes composant l'*Histoire Universelle* proprement dite.

www.ingramcontent.com/pod-product-compliance
Lightning Source LLC
LaVergne TN
LVHW050618090426
835512LV00008B/1550